로블록스 게임
스크립트로 코딩 입문하기

THE ADVANCED ROBLOX CODING BOOK

로블록스 게임 스크립트로 코딩 입문하기

1쇄 발행 2023년 6월 15일

지은이 히스 해스킨스
옮긴이 노페어(Nofair)
펴낸이 장성두
펴낸곳 주식회사 제이펍

출판신고 2009년 11월 10일 제406-2009-000087호
주소 경기도 파주시 회동길 159 3층 / **전화** 070-8201-9010 / **팩스** 02-6280-0405
홈페이지 www.jpub.kr / **원고투고** submit@jpub.kr / **독자문의** help@jpub.kr / **교재문의** textbook@jpub.kr

소통기획부 김정준, 이상복, 김은미, 송영화, 권유라, 송찬수, 박재인, 배인혜
소통지원부 민지환, 이승환, 김정미, 서세원 / **디자인부** 이민숙, 최병찬

진행 및 교정·교열 김정준 / **내지디자인 및 편집** 이민숙
용지 타라유통 / **인쇄** 한길프린테크 / **제본** 일진제책사

ISBN 979-11-92987-09-5 (13000)
값 16,800원

제이펍은 독자 여러분의 아이디어와 원고 투고를 기다리고 있습니다. 책으로 펴내고자 하는 아이디어나 원고가 있는
분께서는 책의 간단한 개요와 차례, 구성과 지은이/옮긴이 약력 등을 메일(submit@jpub.kr)로 보내주세요.

로블록스 게임
스크립트로 코딩 입문하기

히스 해스킨스 지음 / 노페어(Nofair) 옮김

제이펍

차 례

PART 1

뉴비

CHAPTER 1

입문

CHAPTER 2

변수

CHAPTER 3

조건문과 반복문

CHAPTER 4

함수

예제 따라가기

CHAPTER 5

파워 업과 파워 다운

CHAPTER 6

위치 이동시키기

CHAPTER 7

데이터 저장

PART 3 전문 과정

CHAPTER 8 게임 기획

CHAPTER 9 실제 게임 만들어보기

CHAPTER 10 내 게임 보호하기

더 많은 정보 얻기

옮긴이
머리말

로블록스 플레이어를 다운로드하면 언제나 로블록스 스튜디오가 같이 깔립니다. 은색의 로블록스 아이콘 옆에는 푸른색의 스튜디오가 자리하게 되지요. 아이들은 로블록스를 즐기다가 문득, 호기심에 푸른색 아이콘을 눌러보곤 합니다. 금방 그게 로블록스 게임 제작기라는 것을 깨닫고는 원래 하던 게임도 내팽개치고 여기에만 몰두하게 되죠. 지금까지는 다른 사람들이 만들던 로블록스 세계를 탐험하다가, 이제는 스스로 자기만의 세계를 구축해가는 재미에 푹 빠져드는 것입니다.

로블록스 스튜디오로 게임을 제작하는 과정은 크게 둘로 나뉩니다. 하나는 건축/디자인이고, 다른 하나는 스크립트입니다. 파트를 이리저리 만져보며 쉽게 시작할 수 있는 건축/디자인과 달리, 스크립트는 진입 장벽이 높습니다. 시각적으로 바로 와닿지도 않으며, 영어로 작성해야 해서 생소하기도 합니다.

이로 인해 많은 새싹 개발자들은 건축과 디자인에만 몰두하고, 스크립트 기능은 다른 사람들이 배포한 모델에만 의지하고는 합니다. 타인의 모델을 가져다만 쓰면 모델에 숨겨진 바이러스에 당할 수도 있고, 게임의 독창성을 저해하며, 조금이라도 복잡한 기능은 넣기 어려워 1차원적인 게임에만 머물게 됩니다.

이 책 《로블록스 게임 스크립트로 코딩 입문하기》에서는 스크립트를 직접 써보는 방법을 소개하며 이러한 생소함을 극복하게 해줍니다. 기초적인 변수, 함수, 조건문, 반복문부터 알려주면서 스크립트가 이해하기 어렵고 복잡한 단어의 나열이 아니라, 특정 규칙에 따라 쓰이는 일종의 언어라는 점을 일깨워줍니다. 캐릭터 체력, 텔레포트, 플레이어 리더보드, 데이터 저장 등 기초적이고 당연하지만 스크립트를 접해보지 못했으면 알지 못했을 내용을 가르쳐줍니다.

그런 기초 원리만 익힌다면 스스로 배우고 탐색할 범위가 무궁무진하게 넓어집니다. 원하는 기능이 작동하도록 스스로 자료를 찾아보고, 알고리즘을 구성하고, 스크립트를 쓰다가 보면 실력은 자연히 뒤따라오고, 이렇게 길러진 코딩 능력과 컴퓨팅 사고력은 이후 다른 플랫폼이나 프로그래밍 언어를 활용할 때 큰 도움이 될 것이라고 확신합니다.

노페어(Nofair) 드림

시작하며

로블록스 게임을 플레이하다 보면 누구나 한 번쯤 칼 아이템이나 자신을 뒤따라오는 펫 등을 게임 제작자가 어떻게 만들었을지 궁금해하곤 한다. 로블록스 스튜디오 개발 환경에 관해 어렴풋이 알고 있는 사람도 있겠지만, 다음의 내용까지 아는 사람은 얼마나 될까?

- 캐릭터를 텔레포트하는 방법
- 플레이어의 인벤토리 정보 기록하기
- 특정 게임에 알맞은 커스텀 리더보드customized leaderboard 제작
- 원하는 스크립트가 없을 때 직접 코드를 작성해 만들기

이 책《로블록스 게임 스크립트로 코딩 입문하기》에서는 위 내용은 물론, 더 많은 것들을 다루려 한다. 로블록스 버전의 루아Lua 언어를 이용해 직접 구현할 예정인데, 생각보다 어렵지 않으니 걱정할 필요는 없다.

이 책에서는 코딩 기초를 여러 쉬운 예제들로 풀어서 설명하려 한다. 예제들은 실제 게임에 곧바로 쓸 수도 있고, 이 예제들이 작동하는 원리를 활용해 자기만의 코드를 써볼 수도 있다. 그러다 보면 어느샌가 중독성 강한 재미있는 게임을 완성하게 되지 않을까?

앞으로 배우게 될 내용들은 다음과 같다.

- **루아 스크립트 기초**: 스크립트 코드에 익숙해지고, 코드의 기본 구조를 익힌다.
- **변수와 반복문을 이용한 코드**: 게임 내 수많은 명령은 이 2개의 간단한 루아 코드에 의존한다.
- **플레이어 체력 관리 요령**: 캐릭터의 체력 증감을 자유롭게 선택할 수 있다.

- **게임 내에서 캐릭터를 여기저기로 보내는 방법**: 캐릭터를 텔레포트시키는 다양한 방법이 있다.
- **플레이어 데이터 저장**: 게임 세션마다 수치를 기록하고 그 정보를 저장해 다음 세션에서 불러오게 할 수 있다.
- **게임 개발의 첫 단계부터 마지막까지**: 게임 콘셉트를 브레인스토밍한 후, 필요한 코드를 파악하고, 프로그래밍해서 완성한다.
- **중요한 보안 조치들**: 제작한 게임을 보호하기 위해 필수로 알아야 한다.

로블록스 게임 제작의 장점은 상상할 수 있는 어떤 게임이든 자유롭게 만들 수 있다는 점이다. 코딩만 익힌다면 무엇이든 할 수 있다. 주말에 로블록스 스튜디오를 만지며 놀든, 전문 게임 개발자로서의 커리어를 시작하려 하든《로블록스 게임 스크립트로 코딩 입문하기》는 그 길의 완벽한 첫걸음을 내딛을 수 있게 해줄 것이다. 그럼, 시작해보자.

기본부터 시작하기

로블록스 자체를 처음 시작하기 위한 기본적인 정보는《The Ultimate Roblox Book: An Unofficial Guide, Updated Edition》에서 찾을 수 있다. 물론, 로블록스의 구석구석까지 완벽하게 알려주지는 않는다. 로블록스 개발자들이 계속 새로운 요소를 추가하기에 한 책에 모든 내용을 다 담기는 불가능하지만, 그래도 꽤 많은 정보를 담고 있다.

이 책에서는 '빠르게 부자되는 방법' 같은 식으로 로벅스$_{Robux}$(로블록스 캐시)를 짧은 시간에 많이 벌거나, 이것저것 만들어 팔면서 돈을 쓸어담는 방법은 알려주지 않는다. 인터넷에서 뭐라고 말하든, 돈을 버는 유일한 방법은 노력과 창의력, 그리고 정성뿐이다.

PART
1

뉴비

CHAPTER 1

입문

이번 장에서는 로블록스 스튜디오 프로그램을 통해 스크립트를 다루고 기초적인 코드를 이해하고 써보는 방법을 배워볼 예정이다. 물론 기초는 그다지 즐겁지는 않다. 그래도 흥미진진한 내용으로 나아가기 위해선 꼭 익힐 필요가 있다.

체험Experience이라는 말을 미리 짚고 넘어간다면, 로블록스는 공식적으로 '게임'이라는 표현을 '체험'으로 변경했다. 여기서는 '게임'이라는 표현과 '체험'이라는 표현 모두를 혼용해서 사용할 것이다. 로블록스가 '게임'이라는 표현을 바꾼 주 이유는 로블록스에서 만들어진 모든 체험들이 게임의 정의를 만족하지는 않았기 때문인데, 로블록스 스튜디오로 게임을 만들었다 하든 체험을 만들었다 하든, 어느 쪽으로 불러도 상관은 없다.

스튜디오 열기

로블록스 계정이 이미 있다고 가정하고 설명을 시작하겠다. (만약 새로 회원가입하는 방법이 필요하다면, 《The Ultimate Roblox Book: An Unofficial Guide, Updated Edition》의 구매를 추천한다.) 로블록스에 로그인하고, 바로 로블록스 스튜디오를 실행한다.

로블록스 스튜디오를 실행하는 방법은 2가지다.

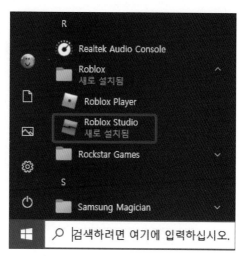

파란색 아이콘을 찾아 스튜디오를 실행하자.

1. 윈도우 시작 메뉴에서 Roblox 폴더를 찾는다. 어디서 다운받았는지에 따라 2~3개의 아이콘이 있을 것이다. 파란 아이콘의 Roblox Studio를 클릭한다.[1]

2. www.roblox.com으로 이동한다. 로그인 후, 상단의 만들기 탭을 클릭한다. 체험 만들기 버튼을 찾아 클릭한다.

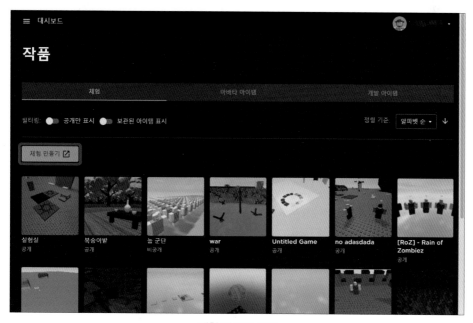

체험 만들기 화면

---

1 옮긴이 때때로 실행 도중 오류가 발생하기도 한다. 대부분의 경우 **오른쪽 클릭 → 자세히 보기 → 관리자 권한**으로 실행하면 해결된다.

처음 만들기 탭에 들어가는 경우 다음 화면이 나타날 수도 있다. 그때는 중앙의 만들기 시작 버튼을 클릭하면 된다.

(또는 이미 제작한 게임의 Edit 버튼을 클릭해 스튜디오를 열 수도 있다.)

게임 설정 확인

새로 만든 게임은 처음에 Private(비공개)으로 설정된다. 직접 초대하지 않는 한, 다른 사람들은 게임을 볼 수 없다는 뜻이다. 나중에 설정을 수정할 수 있다.

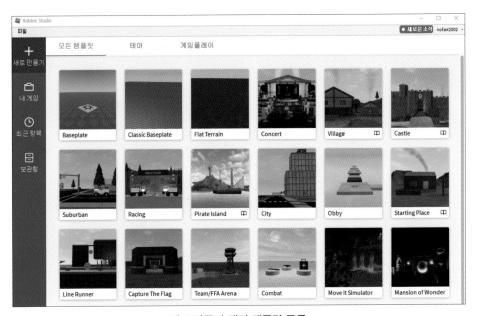

새로 만들기 탭의 템플릿 목록

로블록스 스튜디오가 열리면 다음 화면이 나타난다. 새로운 템플릿을 자유롭게 선택하거나, 왼쪽의 내 게임 탭으로 이동해 기존 게임을 열 수 있다.

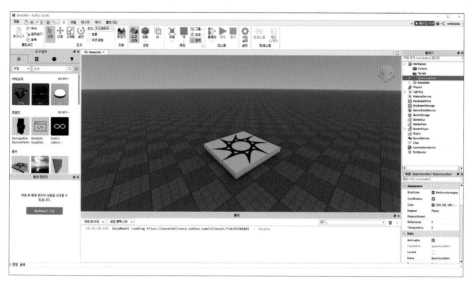

로블록스 스튜디오의 화면 구성

화면 구성이 이미지와 차이가 있을 수도 있는데, 기본 구성 그대로 사용해도 괜찮고, 자유롭게 창의 위치와 크기를 편한 대로 조정해도 된다. 대부분의 창은 마우스 드래그로 배치할 수 있으며, 아예 스튜디오 창 바깥으로 빼서 사용할 수도 있다. 상단 메뉴의 보기 탭에선 창 숨기기와 표시가 가능하다.

스크립트란?

스크립트는 특정 동작을 수행하기 위한 명령 모음이다. 예를 들어 캐릭터가 포션을 마시면 체력이 회복되게 하거나, 칼로 드래곤을 치면 드래곤의 체력이 깎이도록 하는 것이다. 모두 로블록스 개발자들이 프로그램 안에 스크립트를 써넣은 덕분에 가능한 일이다. 더 설명하기 전에, 몇 가지 단어를 확인하고 가도록 하자.

- **서버**: 온라인 게임 정보가 저장되고 실행되는 중심지이다.
- **클라이언트**: 서버에 연결하도록 해주는 프로그램이다. 이것을 통해 서버와 다른 사람들과의 상호작용이 가능하다.

로블록스 게임을 플레이하면, 로블록스의 서버에서 그 게임이 실행된다. 게임 서버에 접속하면 컴퓨터에서 클라이언트를 실행하여 게임 서버의 복사본을 보게 해준다. 서버와 클라이언트는 계속 신호를 주고받으며 모두가 안정적으로 게임을 플레이하도록 해준다.

스크립트의 위치

스크립트는 3종류가 있다.

- **로컬스크립트**LocalScript는 유저의 클라이언트, 즉 플레이어의 컴퓨터에서 실행된다.
- **서버스크립트**ServerScript는 게임이 실행되는 로블록스 서버에서 실행된다. 즉, 플레이어들과는 별개의 위치에 있다. 보통은 수식어 없이 '스크립트'라고만 불린다.
- **모듈스크립트**ModuleScript는 스크립트보다는 '클래스'에 가깝다. 클라이언트 혹은 서버 쪽 스크립트에서 불러와 사용할 수 있다.

스크립트의 위치가 중요한 이유는 위치에 따라 스크립트의 권한이 달라지기 때문이다. 로블록스의 모든 게임은 한때 Filtering Enabled 혹은 Experimental Mode라고 불리던 것이 강제되었는데,[2] 이것이 여러 문제를 야기하면서 지금은 폐지되었다. 지금은 모든 게임이 클라이언트의 접근을 차단한다.

스크립트 시작하기

스튜디오에서 오른쪽 탐색기 창을 살펴보면 맨 위에 있는 Workspace 개체를 찾을 수 있다. 손잡이를 클릭해 문을 열도록 하고 싶을 땐 그 문 파트 안에 바로 스크립트를 넣는데, 해와 달이 하늘을 공전하게 하고 싶을 땐 Workspace 안에 스크립트를 넣곤 한다.

그러나 서버스크립트는 ServerScriptService에 넣는 경우가 더 많다(우선 서버스크립트로 기초를 익히고, 로컬스크립트는 그 후에 다룰 예정이다). ServerScriptService 내부는 클라이언트에서 접근할 수 없기 때문이다.[3] ServerScriptService 오른쪽의 십자 아이콘을 클릭해 스크립트를 삽입할 수 있다.

---

2 (옮긴이) 과거에는 클라이언트에서 실행되는 로컬스크립트도 서버스크립트만큼의 권한을 지니고 있었다. 클라이언트의 컴퓨터에서 조작되는 게임 핵이 서버에 제한 없이 접근할 수 있었고, 그만큼 서버 보완이 취약했다. 현재는 로컬스크립트의 권한이 대폭 축소되었다.

3 (옮긴이) 클라이언트에서 접근할 수 없으므로 보안이 강화된다.

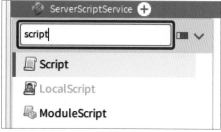

십자 모양 아이콘을 클릭해 스크립트를 추가하자   검색창에서 스크립트를 검색하자

스크립트 개체를 선택한다. 빈 두루마리 종이 아이콘이다.

Script가 맞는지 확인하자.
LocalScript나 ModuleScript가 아니다.

로컬스크립트LocalScript나 모듈스크립트ModuleScript는 선택하지 않게 주의한다. 이들은 나중에
다룰 예정이다.

스크립트를 추가한 후엔 스튜디오의 화면 구성이 다음과 같은 모습일 것이다.

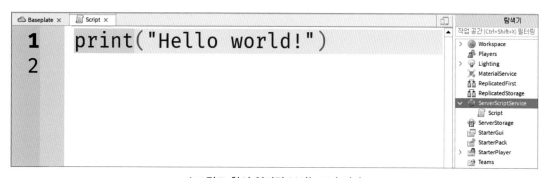

스크립트 창이 열리면 보이는 모습이다.

스크립트 창의 글자가 너무 작으면, 키보드의 Ctrl (Mac의 경우 ⌘Command) 키를 누른 채로 마
우스를 스크롤해 크기를 키울 수 있다.

코드 작성해보기

개발자라면 한 번쯤 들어봤을 말이 기본값으로 적혀있다.

```
print("Hello world!")
```

"Hello world!"는 대부분의 프로그래밍 언어에서 보이는 가장 간단한 형태의 코드이다. 그만큼 유명하고, 로블록스에서도 예외는 아니다. 이제 F5를 누르거나, 상단 메뉴의 테스트 탭에서 플레이 버튼을 클릭하면 코드가 실행된다.[4] 화면 아래쪽의 출력 창에 "Hello world!"라는 문자가 나타날 것이다.

---

4 **옮긴이** 플레이 버튼이나 F5 대신에, 플레이버튼 메뉴를 열어 초록색 실행 버튼을 클릭하거나 F8을 누르면 캐릭터 생성 없이 스크립트만 빠르게 실행할 수 있다.

CHAPTER

2

변수

"Hello world!" 스크립트는 쉽게 쓸 수 있지만 그다지 쓸모 있거나 흥미진진한 내용은 아니다. 여기에 변수를 추가해야 스크립트가 조금 흥미로워진다. 변수는 스크립트 내의 데이터를 저장하고, 바꾸고, 관리하는 데 사용된다.

변수란?

변수는 게임 내 데이터를 저장하는 용기container라고 볼 수 있다. 변수 안에 저장된 데이터를 변숫값이라고 부르며, 이러한 값을 인자라고 부르는 경우가 많다. 스크립트에서는 다양한 종류의 데이터를 쓸 수 있는데, 데이터의 종류를 자료형이라고 한다.

> **자료형의 눈치를 잘 보는 루아**
>
> C#이나 자바 등 다른 프로그래밍 언어는 반드시 변수를 선언할 때 자료형을 같이 써주어야 한다. 숫자 값이나 문자열, 또는 벡터값 등등 어떤 종류의 값이 저장되는지 알려주는 것이다. 루아 언어는 어떤 자료형의 데이터를 저장하게 될지 스스로 파악할 줄 알아서 따로 적어주지 않아도 된다.

자료형

변수의 저장할 정보의 종류를 자료형이라고 부른다. 루아 언어에서는 자료형을 따로 적어주지 않아도 되지만, 사용할 수 있는 자료형이 무엇이 있는지는 알아둘 필요가 있다. 다음 표에 자료형들의 이름과, 값 예시, 설명, 그리고 각각이 주로 사용되는 방식을 목록으로 정리해두었다.

자료형	예시	설명	주 사용례
String (문자열)	"Hello world!"	String은 단어나 문장 등의 문자열을 나타낸다. 여기에는 일반적인 문자, 특수문자, 그리고 숫자 등이 포함된다. string값은 따옴표 사이에 입력한다.	NPC나 캐릭터가 대화창으로 말할 때
Number (숫자)	42 3.14159 -3.0	Number는 수와 관련된 값을 나타낸다. 개수를 세거나, 수학 연산을 하거나, 수치를 보여주곤 한다.	체력, 모은 돈, 타이머 시간 등등
Table (테이블)	{apple = "red", banana = "yellow", pear = "green"}	• Table은 짝(pairs)을 나타낸다. 짝의 첫 번째 항목을 'index' 또는 'key(키)'라고 부르고, 두 번째 항목은 'value'라고, 값이 들어온다. • 왼쪽 예시에서 key는 과일 변수들이고 value는 과일의 색깔을 적은 문자열 값들이다. • Table은 중괄호 { }로 선언한다.	탈것이나 아이템 목록과 속성 등등 복잡한 개체
Userdata (유저데이터)	game.workspace	Userdata는 특정 개체를 가리키는 자료형이다. 값 자체에는 데이터가 없고, 대신 그 데이터가 있는 개체를 가리켜준다.	Workspace나 Players 등 특수한 개체를 다룰 때 사용

자료형	예시	설명	주 사용례
Boolean (불리언)	true, false	1과 0, 참과 거짓 값. 논리 연산에 사용된다.	특정 플레이어가 보스를 쓰러트렸는지 여부 표시
Nil	nil	변수 등에 어떤 값도 할당되지 않았음을 나타내는 특수한 자료형이다.	변수를 미리 선언하고 값을 나중에 넣기로 한 경우
Function (함수)	print() tostring() tonumber()	함수는 특정 명령 모음이 그룹화되어 이름이 할당된 것이다. 매번 같은 명령들을 일일이 쓰는 대신, 함수로 묶어서 그 함수를 '호출'할 수 있다. 그럼 함수로 묶인 명령들을 언제든 실행할 수 있다. 어떤 개체의 동작을 수행하는 특수한 함수는 '메서드(method)'라고 부른다.	어떤 값을 출력하거나, 어떤 개체인지 확인하거나, 특정 명령 모음을 한 단어로 묶어 곧바로 부를 수 있게 한 것 등등.

변수의 이름

변수 이름은 어떤 정보를 변수에 저장할지 기억하기 쉽도록 자유롭게 지어주면 되는데, 몇 가지 지켜야 하는 규칙이 있다.

다음은 변수 이름들의 예시다.

```
변수 이름 = 변숫값
LifeAnswer = 42
DogSound = "멍멍"
smallTable = {1,2,3}
WSpace = game.workspace
CanRun = true
mixedTable = {42, "멍멍", {1,2,3}, game.Workspace, true, print}
```

등식 왼쪽에 있는 것이 변수의 이름이다. 다음은 변수 이름을 지을 때의 몇 가지 지침이다.

- 이름이 숫자로 시작하면 안 된다. 1cat 또는 3dog 모두 불가능한 이름이다. Cat1 또는 Dog3 처럼 문자로 이름을 시작하고, 숫자를 뒤에 붙이는 건 가능하다.

- print, type, error 등등 함수 이름과 겹치는 이름은 사용할 수 없다. 만약 print = "13" 처럼 이미 따로 쓰임이 있는 이름을 변수로 사용하면, print("Hello world!")를 실행했을 때 에러가 발생한다. 이처럼 이미 사용되는 이름은 변수 이름으로 쓸 수 없다.

- 이름의 길이는 길어도 상관없다. 일전에 프로그래머들이 변수 이름을 짧게 줄이는 방식으로 코드 전체의 길이를 줄이곤 했는데, 예를 들어 The Smallest Book Title Cover라는 이름은 smBKTCov로 줄이는 식이었다. 그러나 이렇게 줄일 경우 나중에 변수 이름의 뜻이 무엇인지 헷갈릴 수 있으며, 특히 오래 전에 쓴 코드를 다시 볼 때나 다른 개발자들과 일할 때 이 점은 치명적이다. 변수 이름은 얼마든지 길어져도 좋으며, 오히려 길이보다도 변수 이름의 의미를 명확하게 하는 게 중요하다.

문자열 다루기

문자열string은 대사, 이름, 아이템 설명 등등 코드를 작성할 때 쓰임새가 많다.

1장 끝에 등장했던 코드로 돌아가보자. print("Hello world!")는 지우고, 대신 MyFirstName[1]이라는 변수를 선언하고 문자열 값을 넣어본다. 그 후에 MyLastName[2]이라는 변수를 하나 더 선언한다.

```
MyFirstName = "길동"
```

이제 MyLastName이라는 변수를 하나 더 선언하자.

```
MyLastName = "홍"
```

이제 print 함수를 이용해 스크립트가 선언한 변수들을 출력하도록 해보자. 따옴표 사이에 다른 문장도 같이 입력하고, 쉼표를 이용해 선언한 변수들(MyFirstName, MyLastName)을 서로 구분해줄 수 있다.

```
print(MyLastName, MyFirstName, "님, 안녕하세요!")
```

철자를 정확하게 지켰는지 다시 확인해보고, 준비되었다면 [F5]를 눌러 게임을 실행한다.

---

1   **옮긴이** First Name = 이름
2   **옮긴이** Last Name = 성씨

화면 아래의 출력 창에 다음 문장이 나타날 것이다: 홍 길동 님, 안녕하세요!

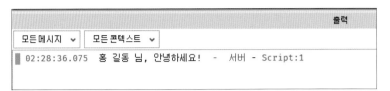

출력 창의 모습

문자열 이어붙이기

Print 함수에서 쉼표를 쓰는 대신에, 문자열을 하나로 합칠concatenate 수 있다. 두 문자열 사이에 마침표를 2번 찍어서 합친다. FullProperName이라는 새로운 변수에 두 문자열과 구분용 쉼표를 합쳐서 넣어보자. 쉼표와 띄어쓰기는 따옴표 사이에 배치했다.

```
FullProperName = MyLastName..", "..MyFirstName
print(FullProperName)
```

출력 창에는 다음 문장이 나타날 것이다: 홍, 길동

문자열 연산

문자열 변수에는 몇 가지 메서드를 사용할 수 있다.

- 모든 글자를 대문자로 바꾸기
- 모든 글자를 소문자로 바꾸기
- 문자열의 길이 구하기
- 문자열의 특정 구간만 빼내기

다음 코드를 따라 적어보자. 2~6줄은 내장된 문자열 함수를 하나씩 사용한다. 이를 메서드라고도 부르고, 변수에서 바로 호출한다.

코드	기능
myString = "Im a programmer"	myString이라는 변수를 선언한다. myString은 자료형이 문자열이므로 문자열과 관련된 메서드를 사용할 수 있다.
myString:upper()	:upper() 메서드는 문자열의 모든 글자를 소문자에서 대문자로 바꿔준다.
myString:lower()	:lower() 메서드는 문자열의 모든 글자를 대문자에서 소문자로 바꿔준다.
myString:sub(6,15)	:sub()은 substring의 줄임말로, 호출할 때 인자를 2개 입력한다. 첫 번째 인자는 시작점, 두 번째 인자는 끝나는 지점을 나타낸다. 문자열은 앞에서 1부터 세는데, 이번 코드의 경우 I가 1, m은 2, 그 다음 띄어쓰기가 3… 이런 식으로 번호가 매겨진다. 왼쪽 코드는 6부터 시작해서 15에서 끝나므로 6번째 자리의 p에서 15번째 r까지를 나타낸다. 참고로 string.sub() 메서드를 쓸 때는 인자가 3개 들어가는데, 첫 번째 인자에 수정할 문자열을 넣고, 두 번째에 시작점을, 세 번째에 끝나는 지점을 입력한다.
myString:reverse()	문자열의 철자 순서를 거꾸로 뒤집는다.
myString:len()	총 몇 글자가 있는지, 즉 문자열의 길이를 반환해준다.

루아 언어에서 자료형의 메서드를 호출할 때 쓰는 방법은 2가지다. 하나는 변수에 ":"을 써서, 다른 하나는 자료형 자체에 "."을 써서 호출하는 방법이다. 다음 문자열 변수의 예시를 살펴보자.

dog_name = "Buster"

다음 두 줄은 모두 똑같은 기능을 한다.

```
print(dog_name:upper())
print(string.upper(dog_name))
```

모든 자료형 메서드도 위와 같다. 문자열의 경우 lower, reverse, len 등등이 전부 해당된다. 변수에 호출하는 방법이 더 간결하므로 읽기가 쉬운데, 다음 표에 메서드를 호출하는 2가지 방법 모두를 정리했다.

변수로 호출	자료형으로 호출
myString:upper()	string.upper(myString)
myString:lower()	string.lower(myString)
myString:sub(6,15)	string.sub(myString, 6,15)
myString:reverse()	string.reverse(myString)
myString:len()	string.len(myString)

숫자 다루기

이번엔 숫자로 넘어가본다. 기본적인 사칙연산은 물론, 더 다양한 연산도 있다. 루아 언어로 코딩하다 보면 금방 어려운 수학 식들과 마주하게 될 터인데, 지금부터 몇 가지 연산들을 배워 그때를 대비해보자. 여러 가지 수학 연산들을 다양한 기호로 표시하는데, 다음 표에 정리되어 있다.

연산	기호	예시	기능
더하기	+	1 + 1 = 2	두 수를 더한다
빼기	–	10 - 5 = 5	왼쪽 수에서 오른쪽 수를 뺀다.
곱하기	*	2 * 2 = 4	두 수를 곱한다.
나누기	/	10 / 5 = 2	왼쪽 수를 오른쪽 수로 나눈다.
나눈 몫의 나머지(Modulus)	%	5 % 2 = 1	두 수를 나눈 몫의 나머지를 반환한다.
제곱	^	10 ^ 2 = 100	왼쪽 숫자의 오른쪽 숫자 제곱을 반환한다.
부호 변경	-<var>	Var = -10 -Var = 10	단항연산자(Unary)라고도 불리는데, *-1을 한 것과 결과가 같다. 숫자나 변수의 부호를 음수에서 양수로, 혹은 양수에서 음수로 바꾼다.

숫자를 다룰 때 연산에 순서가 있다는 점도 기억해야 한다. 괄호, 제곱, 곱셈/나눗셈, 덧셈/뺄셈 순서대로 우선순위가 높다. 예를 들어 1 + 2 * 3 = 7이지만, 1 + 2 * 3 = 9는 아니다. 덧셈보다 곱셈이 우선순위가 높기 때문이다.

여기 변수를 대입해 위 연산들을 테스트해서 어떤 결과들이 나오는지 살펴보자.

X = 10 Y = 5	코드 예시	결과
	`print(X + Y)`	15
	`print(X - Y)`	5
	`print(X * Y)`	50
	`print(X / Y)`	2
	`print(X % Y)`	0
	`print(X ^ Y)`	100,000
	`print(-X, -Y)`	-10, -5

복잡한 연산

만드는 게임에 따라 더 복잡한 연산이 필요하기도 한다. 예를 들어 전략 게임에서 캐릭터 AI가 특정 위치로 알아서 이동하게 하려면 그래프를 다루어야 한다. 이 개념은 연산 우선순위와 별개로 다루는데, 로블록스의 math 라이브러리를 이용한다. 스크립트 창에 math를 적고 마침표를 찍으면 math 라이브러리에서 제공하는 함수 목록을 확인할 수 있다.

math 라이브러리에 저장된 수많은 함수 목록

math 라이브러리에는 하나 이상의 인자를 받아 연산된 값을 반환하는 함수들이 있다. 예를 들어 abs 함수는 인자 하나를 받아 그 인자의 절댓값을 반환한다.

math 라이브러리에는 원주율 파이값도 있다. 단순히 3.14만 쓰는 것보다 정확도 높은 계산을 위해 소수점 아래 12자리까지 제공된다.

```
print(math.pi)
```

논리 연산

논리 연산은 여러 값을 서로 비교해 참true 혹은 거짓false을 반환한다. 논리 연산에는 주로 2가지 연산자가 사용된다.

1. 비교연산자는 관계연산자라고도 부르며, 2개의 항을 서로 비교해 참 혹은 거짓을 반환한다. 숫자값을 비교하기도 하고, 다른 종류의 자료형에도 쓰인다.
2. 논리연산자는 2개 이상의 비교 연산 결과를 대조해 전체 결과를 참 혹은 거짓으로 반환한다.

연산자들을 더 자세히 알아보고 몇 가지 예문도 살펴보자.

비교연산자

다음 표에 널리 쓰이는 비교연산자 목록을 정리했다. 플레이어가 물건을 사기에 충분한 돈을 소지했는지 확인할 때 등에 사용하곤 한다.

연산자	수식	예시
같음	A == B	1 == 1 true 0 == 1 false
보다 작음	A < B	0 < 1 true 1 < 0 false
보다 작거나 같음	A <= B	1 <= 1 true 1 <= 0 false
보다 큼	A > B	1 > 0 true 0 > 1 false
보다 크거나 같음	A >= B	1 >= 1 true 0 >= 1 false
같지 않음	A ~= B	1 ~= 0 true 1 ~= 1 false

논리연산자

수식 여러 개를 대조하기 위한 연산자다.

연산자	수식	예시
and	A and B	false and false -- false 반환 true and false -- false 반환 false and true -- false 반환 true and true -- true 반환
or	A or B	false or false -- false 반환 true or false -- true 반환 false or true -- true 반환 true or true -- true 반환
not	not A not (A and B)	true는 false로, false는 true로 반환한다 not true -- false 반환

논리식은 왼쪽에서 오른쪽으로 읽힌다. 다음 예시를 살펴보자. 'false'와 'true'만을 사용해 단순화했다.

```
if false and true then
    print("성공")
end
```

and 수식의 왼쪽 항에는 false가 있다. and가 true를 반환하기 위해선 양쪽 모두가 true여야만 한다. 이 경우엔 왼쪽이 이미 false였으므로 오른쪽은 고려조차 되지 않는다. 왼쪽이 false임을 확인하는 즉시 false를 반환한다. 이는 or를 사용할 때도 마찬가지인데, 다음 예시를 살펴보자.

```
if true or false then
    print("성공")
end
```

or 수식 왼쪽에는 true가 있다. or가 true를 반환하기 위해선 양쪽 항 중 하나만 true이면 되므로, 왼쪽이 true인 시점에서 오른쪽 항이 설령 false라도 이 수식은 true를 반환한다. 따라서 이 경우 왼쪽이 true임을 확인하는 즉시 true를 반환한다. 왼쪽 항이 false인 경우에만 오른쪽도 확인하는 것이다.

비교연산자와 논리연산자 함께 쓰기

논리식을 사용한다면, 필시 비교연산자와 논리연산자가 섞인 식을 쓰게 될 것이다. 논리식 여럿을 동시에 쓸 때는 소괄호로 수식을 묶어 정리하는 것이 좋다. 단, 괄호 묶음도 한두 개 수준일 때는 읽기 쉬우나, 묶음이 너무 많으면 읽기 어려워질 수 있다. 다음은 괄호를 사용한 예시이다.

- (5 > 6 or 3 == 3) and (not 5 == 6)[3]
- (false or true) and (true)[4]

주석과 공백

이번 장의 마지막 내용은 주석과 공백이다. 사소해 보이는 요소들이지만, 배워둔다면 코드를 이해하는 데에 많은 도움이 된다.

주석

주석은 코드를 읽는 본인 혹은 다른 사람을 위해 적는 메모로, 코드의 어떤 부분이 어떤 기능을 하는지 이해하기 쉽도록 설명을 달 때 사용한다. 주석은 꼭 작성해두는 편이 좋다. 주석이 필요 없다고, 시간 낭비라고 생각이 들어도, 나중에 코드를 다시 읽을 때 주석을 매번 확인하게 될 것이다. 주석은 게임 플레이에 영향을 주지 않으니 안심해도 된다. 주석에는 세 종류가 있는데, 한 줄 주석, 여러 줄 주석, 긴 주석이 있다.

대다수의 경우엔 코드에 설명을 덧붙일 때 한 줄 주석만을 사용한다. 미리 주석을 쓰는 버릇을 들여놓지 않으면, 후에 코드가 2000줄이 넘어가면 코드의 부분부분이 어떤 기능을 하는지 잊어버리며 낭패를 본다. 모든 종류의 주석은 '--'로 시작한다. 한 줄 주석은 '--'만으로 시작하고, 여러 줄 주석은 '--[[', 긴 주석은 '--[===['로 시작한다. 실제 사용 예시를 살펴보자.

3　옮긴이 왼쪽 묶음은 3 == 3이 참이고 or식이므로 참이다. 오른쪽 묶음은 거짓 식에 not을 썼으므로 참이다. 따라서 전체 식은 참이다.
4　옮긴이 왼쪽 묶음은 or의 오른쪽이 true이므로 참이고, 오른쪽 묶음도 true이므로, 전체 식은 참이다.

```
-- 한줄 주석
--[[
    여러 줄
    주석
--]]
--[===[
    긴 줄 주석.
    주석 안에서도 [[]] 사용이 가능하다.
    [====[ <- 이런 걸 내부에서
    써도 ]====] 전혀 영향을 받지 않는다.
--]===]
```

공백

공백은 코드 줄들 사이에 비어있는 행, 단어 사이 띄어쓰기, 탭 혹은 들여쓰기를 나타낸다. 루아에서는 공백을 얼마든지 남겨도 좋으며, 오히려 코드 블록을 공백으로 구분해두기를 추천한다. 함수 사이에는 엔터를 두 번 치고, 내부는 들여쓰기하자. 공백이 코드에 주는 영향은 없지만, 코드를 작성하는 입장에선 훨씬 보기 편해진다.

공백과 들여쓰기를 함께 사용했을 때 코드가 훨씬 깔끔해지고 이해하기 쉬워진다.

```
function sayhello()  -- 안녕이라고 말하는 간단한 함수
    print("안녕!")   -- 여기서 안녕이라고 출력함
end                  -- 여기가 함수 끝
-- 서버를 중지하기 위한 복잡한 함수
function EndServer()
    -- 서버 내 플레이어 목록 구함
    lstPlayers = game.Players:GetChildren()
    -- 반복문으로 플레이어 목록을 순회해 각각을 강제로 내보낸다.
    for _, I in pairs(lstPlayers) do
        i:Kick("서버 종료중")
    end
end
sayhello()
wait(5)
EndServer()
```

코드를 쓸 때 정해진 '올바른' 서식은 없다. 코드를 작성하는 본인이 이해할 수만 있다면, 어떤 형식으로 써도 괜찮다. 극단적으로는 모든 코드를 한 줄에 몰아넣고 실행해도 문제없이 작동은 한다. 다만 가독성이 떨어져서 그렇게 하지 않는 것뿐이다.

```
function sayhello() print("안녕!") end function EndServer() lstPlayers = game.Players …
```

CHAPTER

3

조건문과
반복문

이번 장에서는 if문(조건문)과, for문과 while문 등 여러 종류의 반복문, 그리고 이를 활용한 알고리즘을 익힐 것이다.

조건문

가장 먼저 할 일은 지난 장에서 배운 논리 연산을 적용하는 것이다. 조건문은 특정 조건이 맞았을 때 코드를 실행한다. 조건이 맞지 않았을 땐, 코드를 실행하지 않고 넘어간다. if 조건문의 일반적인 구조는 다음과 같다.

```
if 조건 then
    -- 여기에 코드가 옴
elseif 조건2 then
    -- 여기에 다른 코드가 옴
else
    -- 추가 조건이 없는 경우의 코드가 옴
end
```

if/then문

1번째 줄을 보면 조건문은 if와 then으로 시작한다. 2번째 줄의 코드가 실행되기 위해선 1번째 줄의 조건이 true가 되어야 한다. 그렇다면 조건 자리에는 무엇이 들어갈까? MyName == "홍길동"[1] 같은 것이 들어갈 수 있다. 그래서 만약 자신의 이름이 홍길동이라면 2번째 줄의 코드가 실행되지만, 자신의 이름이 홍길동이 아니라면 2번째 줄은 실행되지 않고 3번째 줄의 조건2로 넘어간다.

실제 게임을 만들 때 다음과 같은 경우에 if문을 사용할 수 있다. 플레이어가 스피드업 아이템을 먹는다면(조건), 기본 속도보다 빠르게 달리는 것이다.

elseif문

3번째 줄을 보면 elseif가 있다. elseif는 이전 조건이 false인 경우 확인되는 또 다른 조건이다. elseif문의 조건이 true로 나타나면 4번째 줄의 코드가 실행된다. 만약 3번째 줄의 조건2가 MyName == "김철수"이고, MyName의 값이 정말 김철수이면 4번째 줄의 코드가 실행된다.

---

1   **옮긴이** My Name = 내 이름

앞에서 언급한 실제 게임 예시에서 elseif도 사용할 수 있다. 플레이어가 스피드업 아이템을 먹지 않는다면, 기본 속도 그대로 달리는 것이다.

else문

else는 조건문의 맨 마지막에 사용한다. else문은 이전의 어떤 조건도 true가 아닐 경우에 코드를 실행한다. 코드의 기본 설정값 같은 것으로 볼 수 있다. 만약 이전의 조건 중 하나라도 true이면 else 이하의 코드는 실행되지 않는다.

elseif와 else문은 선택사항이다. 따라서 사용할 이유가 없다면 조건문에 넣을 필요는 없다. 단순히 if/then/end 3가지만으로도 충분하다.

예시

코드를 조금 수정하여 실제로 조건문이 어떻게 작동하는지 살펴보자.

```
FirstNumber = 2
SecondNumber = 50
    if FirstNumber > SecondNumber then
        print ("FirstNumber가 더 크다")
    elseif FirstNumber < SecondNumber then
        print("SecondNumber가 더 크다")
    else
        print("숫자가 서로 같다?")
    end
```

출력 창에 다음 문장이 나타날 것이다: SecondNumber가 더 크다 서로 비교할 수 있는 두 변수 FirstNumber와 SecondNumber를 선언했다. 스크립트는 두 변수에 숫자값을 할당하고 비교한 후에 둘 중 어느 것이 더 큰지 출력해준다. 코드가 정확히 무엇을 하는지 다음에 정리했다.

- 첫 번째 if문은 FirstNumber가 SecondNumber보다 더 큰 경우에만 이하의 코드를 실행한다.
- elseif문은 SecondNumber가 FirstNumber보다 큰 경우에만 이하의 코드를 실행한다.
- 마지막으로, 두 숫자 중 어느 것도 더 크지 않다는 것은 숫자가 같다는 뜻이므로, else 이하 에선 숫자가 서로 같다고 출력한다.

if/then, elseif, else에 더 익숙해지고 싶다면 두 변수에 다른 값도 넣어보면서 스크립트를 실행해보자.

- FirstNumber = 50; SecondNumber = 2
- FirstNumber = 10; SecondNumber = 10
- FirstNumber = "cat"; SecondNumber = 10

앞의 내용을 잘 이해했다면 첫 번째와 두 번째 항목의 결과는 어느 정도 예상이 갈 것이다. 그러나 세 번째 항목처럼 값을 대입한다면 스크립트에선 오류error가 발생한다. 'ServerScriptService. Script:4: attempt to compare number < string − 서버 − Script:4'라는 경고가 출력 창에 나타났을 것이다. 오류는 예외라고 부르기도 하는데, 이는 나중에 다룰 예정이므로 지금은 숫자값을 문자열 값과 비교할 수 없다는 사실만 알아두면 된다.

반복문

반복문은 특정 조건을 만족할 때까지 블록으로 묶인 일련의 코드를 처음부터 끝까지 실행하고, 다시 처음으로 돌아가 같은 코드를 반복해 실행한다. 실제 게임에선 반복해서 생성되는 몬스터, 혹은 파워 업 아이템 등에 반복문을 사용한다.

반복문을 다룰 때는 무한 루프에 빠지지 않게 조심해야 한다. 조건이 영원히 만족되지 않으면 반복문은 무한정 처음으로 되돌아가며, 반복이 영원히 끝나지 않게 된다. 수동으로 멈추거나, 다른 스크립트에서 중단시키거나, 플레이어가 모두 떠나서 혹은 시스템 충돌로 게임 서버가 닫히거나,

로블록스 서버 컴퓨터에 누가 커피를 쏟아버리거나 하지 않는 한 절대 멈추지 않는다. 서버실에 왜 커피를 가져오는지는 모르겠지만, 혹여나 정말 쏟는다면 반복문을 멈추기는 할 것이다.

while 반복문

while 반복문은 조건이 false가 될 때까지 블록으로 묶인 코드를 반복해 실행한다. 예를 들자면, "잔이 부족할 동안 커피를 계속 채워줘, 잔이 꽉 차면 멈춰." 이런 문장과 비슷하다.

while문을 쓸 땐 논리식을 같이 넣어준다. 논리식 안에는 반복마다 갱신되는 값이 있어, 조건을 매번 다시 확인할 수 있게 된다. 커피잔 이야기로 다시 돌아오자면, 커피잔이 얼마나 찼는지 매번 확인하지 않으면 언제 멈춰야 하는지 알 수 없고, 결국에는 커피가 잔 밖으로 넘쳐흘러버린다. 주변이 커피로 엉망이 되는 일은 누구라도 피하고 싶을 것이다. while문으로 코드를 직접 써보자. counter라는 변수로 경과를 지켜보려 한다. while 뒤에는 do가 자동으로 완성되는데, while문은 do로 끝내는 것이 루아 언어에서 정해진 규칙이다.

```
local counter = 0
while (counter < 10) do
    print(counter)
    counter = counter + 1
end
```

이 스크립트를 실행하면 0 1 2 3 4 5 6 7 8 9라고 출력될 것이다. 처음에 1이 아니라 0부터 셌으므로 총 10개의 숫자가 출력된다. 반복은 9에서 멈췄는데, 마지막 반복에서 counter 변수가 9에서 10으로 바뀌고, 그때 다시 조건으로 돌아가면 counter < 10, 10 < 10이므로 조건이 false가 되어 반복이 멈춘다. 만약 1부터 10까지 세고 싶다면 처음에 counter 변수를 = 1로 선언하고, while문의 조건을 counter <= 10으로 설정하면 된다. 그러면 초깃값인 1부터 출력하기 시작해서, 1씩 늘어나, counter값이 10보다 작거나 같을 동안 계속 반복한다.

for 반복문

for 반복문은 숫자를 초깃값부터 최종값까지 세는 반복문이다. for문에는 변수도 하나 배정해 현재 숫자가 몇인지 저장한다. for문은 언뜻 보면 방금의 while문 예제와 비슷한데, 더 짧으며 제어가 쉽다.

for문에 들어가는 인자는 다음 3가지와 같다.

- **초깃값**: 숫자를 세기 시작할 시작 숫자
- **최종값**: 도달시 숫자 세기를 끝내는 숫자
- **증갓값**: 숫자를 셀 때마다 올라가는 값.

일반적으로 어떤 모습을 하는지 한번 살펴보자. 첫 줄에는 위에서 소개한 숫자들을 순서대로 적는다. 각각 초깃값, 최종값, 증갓값이다.

```
for x = 1, 10, 1 do
    print(x)
end
```

이 스크립트를 실행하면 아까 전의 예제와 같이 1부터 10까지 출력된다. 이번에는 숫자를 뒤집어서 10부터 1까지 세도록 해보자. 첫 번째 자리의 1과 10을 서로 바꿔 넣고, 마지막 숫자는 -1을 넣는다.

```
for x = 10, 1, -1 do
    print(x)
end
```

다시 스크립트를 실행하면 10부터 1까지의 카운트다운이 출력된다. 다음으로는 0, 100, 10을 넣어보자. 0에서 시작해서, 100에 도달할 때까지 10씩 세도록 한다.

```
for x = 0, 100, 10 do
    print(x)
end
```

여기서 첫 번째로 출력되는 숫자는 0이다. 만약 10에서 시작하고 싶으면 0을 10으로 바꿔주면 된다. 만약 0이나 10 대신 1을 넣으면 그때는 1, 11, 21, 31,…과 같이 딱딱 맞아떨어지지 않게 출력된다. 0에서 시작하면 0, 10, 20, 30, …100처럼 깔끔하게 출력되며, 10에서 시작하도록 해도 마찬가지이다. 지금까지의 모든 예문에서 for문의 두 번째 숫자에 도달했을 때 반복이 멈춘다.

for문은 이를테면 경험치를 세서 플레이어가 다음 레벨로 진출했는지 확인할 때 등에 사용할 수 있다.

for/in 반복문

무언가를 셀 때는 주로 숫자를 사용한다. 그런데 for/in 반복문을 쓰면 개체를 곧바로 셀 수 있다. 테이블 자료형을 반복문으로 순회해서 각 개체에 대해 명령을 수행하는 것이다.

예를 들어 바구니basket를 가득 채운 사과와 오렌지가 있다고 쳐보자. 이것이 바로 테이블이다. 이제 바구니 안의 것들을 하나하나 꺼내서 사과는 자르고cut, 오렌지는 껍질을 벗겨peel 보자. 바구니 안의in 물건들item에 대해for 특정 커맨드를 실행하라do고 써준다. if문을 안에 추가해서 물건이 사과인지 오렌지인지도 확인한다. 이것을 바탕으로 다음과 같은 코드를 작성할 수 있다.

```
local basket = {"apple", "apple", "orange", "apple", "orange", "orange"}
for num, item in pairs(basket) do
    print(num, item)
    if item == "apple" then
        print("cut apple")
    elseif item == "orange" then
        print("peel orange")
    end
end
```

위 코드에서 basket라는 이름의 테이블을 만들었고, 안에다가 사과와 오렌지를 섞어 넣었다. 이와 같은 방식으로 테이블을 선언하면 테이블 안의 각 항목에 숫자가 할당된다. 변수명에 대괄호를 붙이고 대괄호 안에 숫자를 입력하면, 해당 숫자에 맞는 항목의 값이 반환된다. 이 숫자를 키key, 또는 인덱스index라고 한다. 예를 들어 basket[1]은 첫 번째 항목, 즉 "apple"을 나타내고, basket[2]도 똑같이 "apple"을, basket[3]은 "orange"를 나타내는 것이다.

위의 for문 코드를 다시 살펴보자. num과 item, 2개의 변수가 함께 쓰였다. num 변수가 키를 나타내고, item 변수는 과일 종류를 나타낸다. 뒤의 pairs 함수가 num과 item 변수에 값을 반환해주는데, 매번 다른 값이 반환되는 이유는 pairs 함수가 반복자iterator라는 특별한 종류의 함수이기 때문이다.

반복문 안에 print 함수를 사용해서 num과 item 변수가 저장한 값을 출력하도록 해보았다. 그 후에 if문으로 이것이 사과인지 오렌지인지 확인하고, 결과에 따라 수행할 행동을 출력했다.

GetChildren 함수

다음 장부터 GetChildren()이라는 내장함수가 계속 등장할 예정인데, GetChildren() 함수는 어떤 개체 안에 들어있는 개체들의 목록을 테이블로 반환해준다. 방금 다루었던 apple과 orange 바구니처럼 사용하게 될 것이다. 게임을 구성하는 모든 데이터는 Game이라는 개체에 저장되는데, 이 Game 개체를 일종의 가족관계로 생각해보면 된다. Game의 자식들Children 이 로블록스 스튜디오의 탐색기 창에서 보이는 개체들로, Workspace, Players, Lighting 등등이다. 다른 대다수의 프로그램과 똑같이, 개체 옆의 화살표를 클릭하면 개체 내부가 열리는데, 그 안에 들어있는 개체들이 바로 열었던 개체의 자식들이다. 이러한 부모parent/자식child 관계는 몇 세대를 걸쳐 나타날 수 있다. 탐색기 창에서는 기껏해야 15개 정도의 개체밖에 안 보이지만, 실제로는 숨겨진 서비스 개체가 훨씬 더 있다.

반복문을 하나 써서 Game 개체 안에 무엇들이 들어있는지 확인해보자. ServerScriptService의 십자 버튼을 클릭해 새 스크립트를 삽입하자.

```
local entireGame = game:GetChildren()
for key, object in pairs(entireGame) do
    local success, message = pcall(function()
        print(key, object  )
    end)
    if not success then
        warn(message)
    end
end
```

이 스크립트에서 우리는 entireGame이라는 지역 변수를 선언한다. game에 GetChildren()이라는 내장함수를 호출해서 게임 안에 무엇이 있는지 개체 목록을 반환받고, for/in 반복문으로 숫자와 개체를 출력해준다. 이때 pcall이라는 함수를 썼는데, 이 함수를 쓰면 스크립트가 에러로 멈추는 걸 막을 수 있다. 보안 문제로 스크립트에게 권한이 없는 개체를 탐색하려 하면 에러가 발생해서 넣은 것이다. 스크립트를 시행해보면 탐색기에서 보이는 것보다 훨씬 많은 101개 정도의 개체가 반환된다.

GetChildren() 함수는 특정 개체들을 어딘가에 보관할 때 유용하게 쓰인다. 예를 들어 게임 내 보물 상자에서 줄 보상 목록을 수정하고 싶거나 다시 확인해보고 싶을 때 GetChildren()으로 빠르게 목록을 훑어보면 일일이 목록을 하나씩 열어볼 수고가 줄어든다.

CHAPTER
4

함수

함수는 블록으로 묶인 일련의 코드를 실행한다는 점에서 반복문과 비슷하게 작동한다. 이 챕터에서는 로블록스의 다양한 내장함수와 함께, 직접 함수를 선언해 명령을 실행하고 결과를 반환하는 방법을 다룰 것이다. 함수와 함께 트리거도 다루려 하는데, 트리거는 특정 상황에 반응하는 이벤트로, 트리거를 여러 함수와 연결하여 플레이어의 행동에 게임 맵이 반응하고 동작하게 할 수 있다. 괜찮게 만든 함수는 기분을 좋게 만들지만, 정말 잘 만든 함수는 우주의 비밀까지 풀기도 한다. 농담이 아니라, 원한다면 정말로 초끈 이론과 양자역학 관련 계산도 시킬 수 있다.

함수란?

함수는 특정 동작을 수행하는 코드 묶음으로, 함수 이름을 통해 호출할 수 있다. 우리는 이미 앞서 print 함수를 다루었다. print처럼 루아 스크립트에 기본적으로 탑재된 함수를 내장함수라고 부른다. 한편 직접 선언한 함수는, 사용자 정의 함수라고 부른다. 내장함수 print는 인자를 괄호에 입력받고, 그것을 콘솔 출력 창에 출력한다. 우리는 함수를 사용해 코드 묶음들을 단순화할 수 있고, 스크립트를 써내려가면서 필요할 때마다 몇 번이고 호출해 사용할 수 있다. 다음은 함수를 선언하는 방법이다.

```
function name()
    -- 여기에 코드가 옴
end
```

변수와 마찬가지로 name 자리에 원하는 대로 이름을 지어줄 수 있으나, 이미 사용중인 단어, 숫자로 시작하는 단어는 사용할 수 없고, 이름 중간에 띄어쓰기를 할 수 없다. 우리는 함수에 인자를 입력해 함수 내부에서 사용할 수 있다. 함수에 이름과 매개변수를 2개 작성해보자. 각각 num1과 num2로 지어주었다.

```
function add2numbers (num1, num2)
    local result
    local success, response = pcall(function()
        result = num1 + num2
    end)
    if success then
        return result
    else
        return response
    end
end
```

위 함수의 이름은 add2numbers다. 함수 안에서 매개변수(num1, num2)를 서로 더해주었으므로, 함수는 매번 입력받은 숫자 2개를 서로 합해서 반환해준다. 이제 테스트를 위해서 방금 작성한 함수 아래에 다음 코드를 이어서 작성해보자. 작성 후에 F5를 눌러 테스트를 실행한다.

```
local myResult = add2numbers (5,10)
print(myResult)
```

이와 같이 사용자 정의 함수를 선언해보았고, 예시를 통해 함수를 선언하고 호출하는 방법을 알아보았다.

1. 함수 이름을 짓고, 안에 매개변수를 선언한다.

2. 함수 안에 코드를 작성해 함수가 특정 동작을 실행하게 한다.

3. 이후 스크립트를 써가면서 필요할 때마다 함수를 호출한다.

스크립트 안에서 함수를 호출해 사용하기 위해서는 사용 전에 함수가 미리 정의되어야 한다. 정의가 미리 되어있어야만 스크립트가 어떤 코드를 실행할지 알 수 있다. 만약 add2numbers 호출했는데 함수를 선언한 부분이 그 아래에 있거나 아예 없다면 스크립트에 에러가 나면서 작동을 멈춰버린다. 예를 들어 방금 작성했던 코드로 돌아가서, function add2numbers (num1, num2)라고 선언한 줄 위에다가 add2numbers (5, 10)라고 호출해보자. 게임을 실행해보면, 출력 창에 다음과 같이 에러가 출력될 것이다. "attempt to call global 'add2numbers'(a nil value)." 이 에러는 호출한 함수를 찾지 못했다는 뜻이다.

이벤트 트리거하기

트리거란 특정 상황에 반응해서 실행할 코드를 말한다. 가장 기본적이고 단순한 트리거는 Touched 이벤트인데, 지금부터 사용 방법을 알아보자. 먼저, 스튜디오의 상단 메뉴에서 모델 탭을 선택하고, 파트를 생성한다. 스폰을 만약 삭제했으면 그것도 같이 생성해준다.

오른쪽 탐색기를 살펴보면 Workspace 안에 방금 생성한 파트가 추가되어있다. 파트의 이름을 EventTrigger로 수정해서 나중에 추가할지도 모를 다른 파트들과 구분해준다.

파트 이름 꼭 붙여주기

파트를 생성할 때 이름을 기본값 그대로 놔두면, 후에 Part라는 이름만 가득해지면서 특정 개체를 찾아내기가 매우 번거로워진다. 경험에 의한 조언이다.

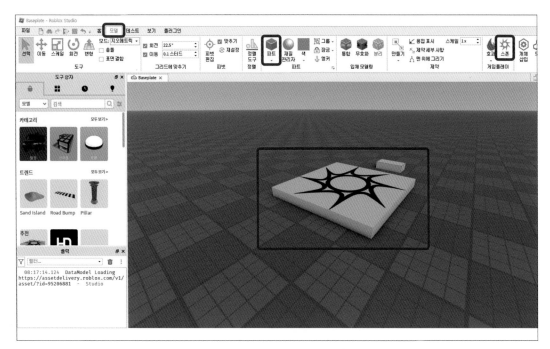

모델 탭, 스폰, 파트 순으로 클릭한다

이벤트란?

이번에는 지금까지 배운 내용에 새로 배울 내용을 같이 활용해볼 예정이다. 몇 가지 내장함수, 사용자 지정 함수, 그리고 새로 다룰 이벤트 함수다. 이벤트의 정의는 원래 영단어 뜻과 크게 다르지 않다. 즉, 특정 상황이나 조건에 따라 어떤 일이 발생하는 것이다.

우리가 다룰 이벤트는 Touched로 Part 인스턴스의 상속이다. 이때 상속이란 무엇일까? 자세히 설명해보도록 하겠다.

인스턴스란 부모 클래스Parent Class가 있는 객체를 의미한다. 모든 인스턴스는 상속inheritance이 라는 특징이 있는데, 부모 클래스의 속성과 함수 일부를 말 그대로 상속받아서 쓰는 것이다. Part는 블록brick, 구sphere, 원통cylinder, 쐐기wedge 파트의 부모 클래스이다. 모두 Part의 하위 클래스이므로 Part와 똑같이 Touched 이벤트가 있다.

스크립트 추가하기

EventTrigger 파트에 스크립트를 추가하자. 탐색기에서 파트를 클릭해 파란색으로 선택되도록 하자. 그 후 파트 개체 왼쪽의 십자 버튼을 눌러 스크립트를 추가한다. 스튜디오는 print("Hello world!")라고 쓰여있는 스크립트 창을 띄우는데, 삭제한 후에 다음 코드를 적어넣자.

```
local myBrick = script.Parent
local function TouchedAction(part)
    print(part, "가 방금 블록을 터치했습니다")
end
myBrick.Touched:Connect(TouchedAction)
```

보면 myBrick.(온점까지 포함해서)이라고 쓴 직후 자동완성 상자가 나타나 myBrick의 다양한 함수와 이벤트를 보여준다. 모두 myBrick의 속성, 이벤트, myBrick의 자식 개체들이다.

- **파란 블록 아이콘**은 색, 크기, 이름, 위치 등 파트의 속성을 나타낸다.
- **번개 모양 아이콘**은 이벤트를 나타낸다. 이벤트를 특정 함수와 연결해 이벤트 트리거로 호출시킬 수 있다(영어로는 'fire'한다고도 표현된다).
- **탐색기 아이콘처럼 생긴 아이콘**은 개체 안의 다른 개체들을 나타낸다. 지금은 파트 안에 넣은 스크립트 하나만 있을 것이다.

변수 myBrick을 선언할 때 script.Parent를 넣었는데, 지금 코드를 적은 이 스크립트는 Parent 라는 속성이 있어서 스크립트가 현재 어느 개체 안에 있는지를 나타낸다. 이런 식으로 코드를 작성하였기에 파트를 찾을 때마다 game.Workspace.EventTrigger라고 파트의 경로를 모두 적는 대신 간단하게 myBrick 하나로 끝낼 수 있다. 경로를 모두 적어서 써도 상관은 없지만, 나중에 작업하려고 보면 너무 번거롭다.

이벤트를 구했으면 이벤트의 :connect() 내장함수를 이용해 직접 선언한 함수와 연결할 수 있다. 직접 TouchedAction(part)를 선언했는데, part라는 인자가 바로 어떤 파트가 닿았는지를 보여준다. 게임을 실행하면 baseplate가 출력창에 나타나는데, 파트가 바닥의 baseplate 파트와 닿으면서 출력된 것이다. 파트 위로 캐릭터를 움직이면 Foot와 Leg로 끝나는 발과 다리 파트가 출력창에 잔뜩 나타난다.

이제부터 무언가가 파트에 닿을 때마다 직접 만든 함수를 트리거할 수 있게 되었다

한 단계 더 나아가기

그런데 만약 아무 파트가 아닌, 플레이어가 파트에 닿았을 때만 함수를 트리거하고 싶다면 어떻게 해야 할까? 닿은 파트가 플레이어 캐릭터의 일부인지를 확인해야 한다. 함수 인자로 전달된 파트를 직접 확인해 알아보면 된다. 플레이어가 서버에 접속하면 플레이어의 아바타가 game.Workspace 안에 추가된다. 아바타 모델 안에는 손발, 머리, 몸통을 포함한 다양한 개체가 있는데, 개중에는 Humanoid 개체가 있다. Humanoid는 캐릭터의 이동속도, 체력, 점프 파워 등의 정보를 담은 특별한 인스턴스이다. 그래서 우선은 닿은 파트의 부모 개체를 찾고, 부모 개체 안에 Humanoid가 있는지 확인하면 된다.

이 Humanoid를 탐색하도록 코드를 수정해보자. 지금까지 수많은 개발자들이 수도 없이 남겨온 Humanoid 예제이다. 지금 우리는 위대한 발자취를 뒤따르고 있는 것이다.

```lua
local myBrick = script.Parent
local function TouchedAction(part)
    local humanoid = part.Parent:FindFirstChild("Humanoid")
    if humanoid then
        print("사람 발견!")
    end
end
myBrick.Touched:connect(TouchedAction)
```

이번에 코드를 실행해보면 baseplate는 출력되지 않는다. 이벤트는 트리거되었지만 우리는 baseplate의 부모를 확인했고, 거기서 Humanoid 자식이 있는지 확인했다. Humanoid를 찾지 못했기에 나머지 코드는 실행되지 않았다.

그런데 만약 캐릭터가 파트를 밟으면, 캐릭터를 구성하는 파트의 부모는 캐릭터 모델이고, 캐릭터 모델 안에 Humanoid가 있으므로 코드는 캐릭터를 감지한다. 캐릭터가 파트 위를 걸을 때마다 항상 감지해 코드를 실행한다.

코드가 딱 한 번만 실행되길 원한다면 디바운스debounce 함수를 따로 만들어야 한다. 디바운스는 함수 안에 변수를 하나 사용한다. 이 전역 변수global variable는 스크립트 맨 위에서 미리 선언해 스크립트 내의 모든 함수에서 접근할 수 있게 한다. 참고로 지역 변수local variable는 반대로 스크립트의 특정 영역에서만 접근이 가능한데, 코드의 local 키워드로 지정된다. 디바운스의 역할은 간단하다. "실행된 적 있어? 없다고? 그러면 지금 실행하자. 다만 실행한 후엔 다시 실행 안 되게 하고."와 같은 식이다.

코드에 디바운싱을 해보자. 스크립트 맨 위에 CanRun이라는 변수를 선언한다. 변숫값은 true로 설정해준다. 그리고 함수 안에서 if문으로 변수가 true 상태인지 확인한다. if문 안에선 바로 변수를 false로 바꿔 CanRun이 다시 true가 될 때까지 실행되지 않게 한다. task.wait() 내장함수를 이용해 5초를 기다린 후에 CanRun을 다시 true로 설정해주도록 하자. 그럼 함수가 다시 실행 가능해진다.

```
local myBrick = script.Parent
local CanRun = true

local function TouchedAction(part)
    local humanoid = part.Parent:FindFirstChild("Humanoid")
    if humanoid and CanRun then
        CanRun = false
        print("사람 발견!")
        task.wait(5)
        CanRun = true
    end
end
myBrick.Touched:connect(TouchedAction)
```

코드 구성은 다음과 같다.

- 내장함수(local, script, print, wait, task)

- 사용자 지정 함수(TouchedAction)

- 이벤트 트리거(Touched)

- 메서드(FindFirstChild, connect)

종합해보면, 이 코드 예제는 앞으로 계속할 코딩의 기본 구성 요소를 대부분 포함하고 있다.

보안

더 나아가기 전에 매우 중요한 요소를 하나 짚고 넘어가려 한다. 방금 살펴본 스크립트는 Workspace 안의 파트 안에 들어있다. 로블록스 게임의 Workspace 게임 해킹 프로그램으로 쉽게 접근이 가능해서 누구라도 파트나 모델 안의 스크립트를 보거나, 복사하거나, 수정하거나, 삭제할 수 있다. 따라서 모든 서버스크립트는 ServerScriptService 개체 안에 두는 것이 좋다. 스크립트가 이 안에 들어있으면 로블록스 클라이언트에서 직접 접근이 불가능하다. 다만 스크립트 위치를 옮기는 경우 script.Parent로 파트를 탐색할 수 없다. 앞의 예제에서는 local myBrick = script.Parent를, local myBrick = game.Workspace.EventTrigger[1]로 수정해야 한다. 이 사실을 꼭 기억해두고, 앞으로도 이와 같이 유용한 정보들을 알려줄 예정이다. Workspace 안의 스크립트는 보안에 취약하다는 점을 꼭 명심하자.

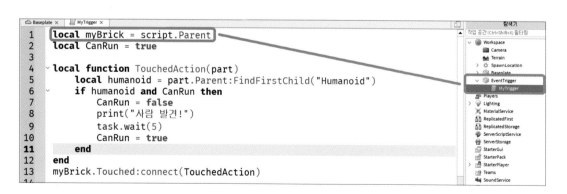

---

1 **옮긴이** game을 생략하고 workspace.EventTrigger라고 workspace에서 곧바로 경로를 시작해도 된다.

```
1  local myBrick = workspace.EventTrigger
2  local CanRun = true
3
4  local function TouchedAction(part)
5      local humanoid = part.Parent:FindFirstChild("Humanoid")
6      if humanoid and CanRun then
7          CanRun = false
8          print("사람 발견!")
9          task.wait(5)
10         CanRun = true
11     end
12 end
13 myBrick.Touched:connect(TouchedAction)
```

Workspace 안의 스크립트는 보안에 취약하다는 점을 명심하자

마무리

마지막으로 모든 개체의 함수, 속성, 이벤트를 모아보는 방법을 알아보자.

1. 스튜디오에서 상단 메뉴의 보기 탭으로 간다.

2. 개체 브라우저 버튼을 찾아 선택한다. 나타나는 창의 규모에 놀라지 말자.

3. 창의 왼쪽 패널에서 Part를 찾아 클릭한다. 오른쪽 위 패널에는 Part의 모든 함수, 이벤트, 속성 목록이 나타난다. 각 항목의 아이콘이 항목의 종류를 나타내준다.

- 분홍색 블록은 함수다. 함수는 콜론(:)으로 호출한다. Part:GetChildren(), Part:GetMass() 와 같이 쓴다.

- 파란색 블록은 속성이다. 속성은 온점(.)을 찍고, 속성 이름을 적고, 등호를 적어 설정한다. Part.Name = "NewPart", Part.Parent = game.Workspace와 같이 쓴다.

- 노란색 번개 아이콘은 이벤트다. connect 메서드와 같이 써서 사용자 지정 함수나 익명 함수와 연결한다. Part.Touched:connect(MyFunction)과 같이 쓴다.

다음 장에서는 배운 지식을 활용해보기 시작할 것이다. 진도가 너무 빠르다고 느껴져도 걱정은 붙들어 매자. 계속 쓰다 보면 익숙해진다.

PART

2

예제
따라가기

CHAPTER 5

파워 업과
파워 다운

조건문과 반복문을 사용한 코딩의 개념을 대강 익혔으므로, 이제부터는 이들을 실제 게임처럼 활용해보려 한다. 이 장에서는 플레이어에게 주는 효과에 집중할 예정이다. 직접 칼이나 체력 회복 아이템을 쥐어주거나, 독이나 화염 대미지 같은 피해 효과를 주는 등 상상대로 무엇이든 만들 수 있다. 또 효과를 주는 여러 방식도 살펴보는데, 어떤 물건에 닿았을 때 주는 것으로 시작해서, 플레이어를 감지하는 심화 방법들도 알아보자. 상상만 할 수 있다면 무엇이든 가능하다. 우리는 개발자이며, 플레이어가 당근을 주워 먹었다고 토끼로 변신시켜도 되고, 아바타가 빛의 속도로 달리게 해도 되며, 빌딩 사이를 뛰어넘을 점프력을 주어도 된다. 마다하지 말자.

Humanoid의 능력

점프, 달리기, 날아가기 등은 플레이어 캐릭터 개체 안의 Humanoid 인스턴스에서 다뤄진다. 플레이어가 처음 게임에 접속하면 2가지 개체가 생성된다.

1. 첫째는 플레이어 그 자체이다. 탐색기의 Players 개체 안에 위치해서 game.Players. 경로로 찾는다.

2. 둘째는 플레이어의 캐릭터 모델이다. 플레이어가 물리적으로 조작하는 아바타로, 대부분의 게임에서 생성되나 개발자가 생성이 되지 않도록 설정을 하는 경우도 있다. game.workspace 경로로 찾는 탐색기의 Workspace 안에 생성된다.

Humanoid 인스턴스는 Players 안의 플레이어 개체에는 없고, 플레이어의 캐릭터 모델 안에 위치한다.

Players 안의 플레이어와
Workspace 안의 캐릭터의 위치

Humanoid의 속성

Humanoid는 다음 6개 분류로 나뉘는 속성들을 갖고 있다.

- **Data**: CameraOffset, ClassName, DisplayDistanceType, HealthDisplayDistance, HealthDisplayType, Name, NameDisplayDistance, NameOcclusion, Parent, RigType, RootPart.

- **Behavior**: Archivable, BreakJointsOnDeath, RequiresNeck.

- **Control**: AutoRotate, FloorMaterial, Jump, MoveDirection, PlatformStand, SeatPart, Sit, TargetPoint, WalkToPart, WalkToPoint.

- **Game**: AutomaticScalingEnabled, Health, HipHeight, MaxHealth, MaxSlopeAngle, WalkSpeed.
- **Jump Settings**: AutoJumpEnabled, JumpHeight, UseJumpPower.
- **Attributes**: 이 분류는 개발자가 직접 만드는 속성이다.

주로 다룰 속성들은 Game과 Jump Settings다. 여기에는 플레이어의 체력, 이동속도, 점프 파워 등이 있다. 물론 다른 분류의 속성들도 자유롭게 만져봐도 된다.

그러면 속도 증가 파워 업과 점프 파워 업으로 시작해보자. 스튜디오로 들어와서 설명대로만 따라가면 된다.

파트 생성하기

파트를 편집하고 배치하는 일에 자세히 들어가기 전에 빠르게 이동, 스케일, 회전, 변형 도구를 살펴보자. 자세한 설명을 원한다면 《The Ultimate Roblox Book, Updated Edition》을 참고하자.

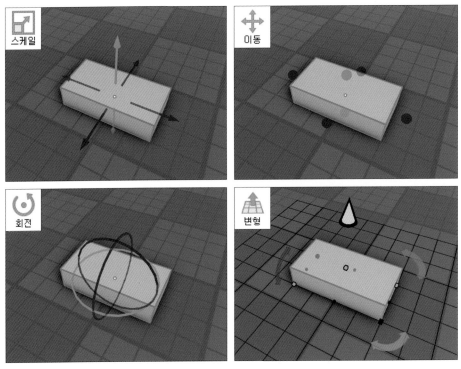

4대 건축 도구들

사용법을 짧게 설명하자면, 이동, 회전, 스케일 도구를 쓸 때 파트 주위로 3색의 화살표, 구체, 고리가 나타난다. 이때 빨강은 X축, 초록은 Y축, 파랑은 Z축이며, 파일의 스튜디오 설정에서 색의 기본값을 변경할 수도 있다. 회전 단위는 육십분법 각도이고, 이동과 스케일 단위는 스터드stud이다. 네 번째 도구는 변형 도구인데, 회전과 이동, 스케일을 한 번에 다 모아놔서 도구 전환의 수고를 덜어준다. 변형 도구를 쓸 때 화면 왼쪽 위의 작은 그리드가 파트를 다른 파트 기준에 맞춰 상대적으로 이동하게 해주는데, 클릭한 후에 기준으로 쓸 파트를 선택하면 된다.

여기까지 빠른 튜토리얼을 마치고, 이제부터 게임에 개체를 생성해보자. 가장 먼저 코인을 만들어보려 한다. 수많은 게임에 쓰이면서도 형태가 단순해서 만들기가 쉬운 편이다. 먼저 원통 파트를 생성한다. 상단 메뉴의 모델 탭에서 파트 버튼 아래 화살표를 누르고, 원통을 선택한다.

workspace에 원통을 생성한다.

생성한 파트의 크기, 색, 재질을 수정하자. 스케일 도구를 이용해 X축을 나타내는 빨간 구체가 서로 가까워지게 당긴다. 그 다음엔 초록 구체를 4칸 밖으로 당기고, 파란 구체도 똑같이 4칸 바깥으로 당긴다. 파트가 코인 모양에 가까워졌을 것이다. 다음은 색깔인데, 자유롭게 해도 좋고, 예시에서는 신호등의 파란불과 같은 의미로 초록색으로 설정했다. 상단 메뉴의 색 버튼 화살표를 눌러 나오는 팔레트에서 색을 선택하자.

이어서 재질인데, 재질 관리자 버튼으로 창을 열어 원하는 재질을 찾은 다음, 재질 항목 오른쪽 위에 마우스 모양 아이콘을 클릭해 적용하면 된다.

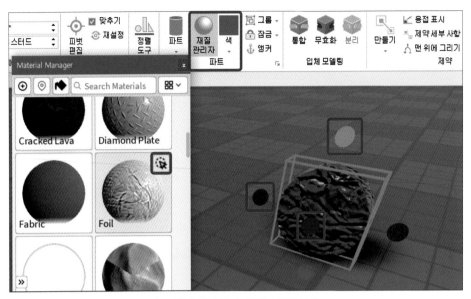

파트 색과 재질을 수정하는 방법이다.

마지막으로 파트를 앵커해서 파트가 움직이지 않고 제자리에 고정되도록 한다. 파트를 선택하고 속성 창으로 가서 Behavior 분류로 들어가면, 선택한 파트의 상호작용 관련 속성들이 있다. 파트가 앵커 되어있지 않으면 곧바로 중력에 의해 떨어지고, 밟히고, 치여 넘어지고, 때론 세상 밖으로 튕겨져 나갈 것이다. Anchored 속성의 박스를 체크해서 파트를 고정시키자.

Behavior 분류에는 CanCollide 속성도 있는데, 기본적으로는 체크되어 있어서 다른 파트 혹은 캐릭터와 충돌이 된다. 이 파트는 캐릭터가 통과해서 지나가야 하므로 체크 박스를 해제해서 충돌되지 않도록 하자.

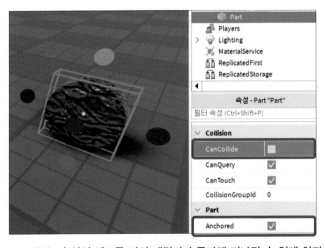

CanCollide 속성의 체크를 꺼서 캐릭터가 통과해 지나갈 수 있게 하자.

이제부터 재미있는 부분이다. 파트 이름을 띄어쓰기 없이 PowerUpCoin으로 변경하고, Server ScriptService에 스크립트를 추가하자. 스크립트 이름은 PowerUpCoinScript로 설정하고 원래 쓰여있는 "Hello world!" 코드는 지워서 스크립트를 비워주자.

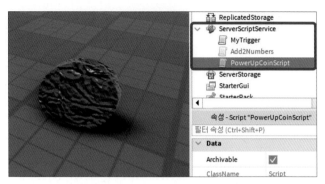

서비스 개체 안에 스크립트가 추가된 모습

이번에는 조금 다르게 스크립트를 쓰려 한다. 맨 처음에 스크립트에서 변수를 선언하는 대신, 원통 파트 안에 NumberValue 개체를 삽입한다. NumberValue 개체를 쓰면 스튜디오 화면에서 곧바로 값을 조정할 수 있어서 매번 스크립트 창을 여는 번거로움이 준다.

NumberValue 개체를 삽입하기 위해 탐색기에서 파트를 선택하고, 파트 옆의 흰색 십자 버튼을 눌러 NumberValue를 검색해서 찾자. 혹은 파트에 오른쪽 클릭을 하고 개체 삽입 항목에서 찾아 넣어도 된다. 개체를 삽입하면 파트 안에 'Value'라는 개체가 생긴다. 2개 더 필요하므로 오른쪽 클릭 후 '중복'을 선택해서 복제해주자. 2번 복제하면 Value 개체가 총 3개가 될 것이다. 각 개체의 이름을 SpeedUpAmount, JumpPowerAmount, Duration으로 지어준다.

탐색기 창에서 Value 개체들의 이름을 바꿔준다.

파워 업 프로그래밍하기

이제 코드를 작성해서 파워 업이 작동하게 만들어보자. 먼저 파트 안에 넣은 Value 개체들을 찾아서 변수에 할당해준다. 참고로, 일단 당장은 코인 하나만으로 진행해보려 한다.

```
local PowerUp = workspace.PowerUpCoin
local SpeedUp = PowerUp.SpeedUpAmount.Value
local JumpPower = PowerUp.JumpPowerAmount.Value
local Duration = PowerUp.Duration.Value
local CanTouch = true
```

PowerUp 변수에 만들었던 파트를 지정해주었으므로 PowerUp 변수에서 경로를 시작해 나머지 Value 개체들도 찾으면 된다. 이렇게 설정해두면 앞으로 수치를 조정할 때 매번 스크립트를 열 필요 없이 NumberValue 개체들의 Value값만 수정하면 돼서 상당히 편리하다. 추가로 디바운싱을 위한 CanTouch 변수도 선언해주었다.

GivePowers 함수를 다음과 같이 작성했다.

```
local function GivePowers(part)
    local hum = part.Parent:FindFirstChild("Humanoid")
    if hum and CanTouch then
        CanTouch = false
        local originalWalkSpeed = hum.WalkSpeed
        local originalJumpPower = hum.JumpHeight
        hum.WalkSpeed = SpeedUp
        hum.JumpHeight = JumpPower
        PowerUp.Transparency = 1.0
        task.wait(Duration)
        PowerUp.Transparency = 0.0
        hum.WalkSpeed = originalWalkSpeed
        hum.Height = originalJumpPower
        CanTouch = true
    end
end
```

이 함수를 통해 플레이어의 이동속도와 점프 파워를 일정 시간 동안 설정한 값으로 바꿔준다. 효과가 지속되는 동안은 파트도 투명해지도록 했다. 이제 Touched 이벤트와 이 함수를 연결하자.

```
PowerUp.Touched:Connect(GivePowers)
```

이벤트 연결도 끝났으므로, 마지막으로 파트에 들어가서 수치를 설정해주면 된다. Humanoid
에서 점프 관련 속성은 2가지 있는데, 하나는 JumpHeight[1]이고 다른 하나는 JumpPower
다. 기본값은 각각 7.5, 50인데, 참고로 WalkSpeed 속성의 기본값은 16이다. 현재는 새 게
임을 생성하면 JumpHeight를 사용하도록 자동으로 설정되는데, 탐색기의 StarterPlayer에서
CharacterUseJumpPower 속성을 체크해주면 JumpPower를 사용할 수 있다.

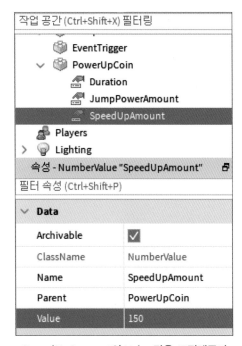

SpeedUpAmount의 Value값을 조정해주자

Duration을 30, JumpPowerAmount를 150, SpeedUpAmount를 150으로 설정해주었다. 플레
이어가 이 파트에 닿으면 설정한 수치대로 점프 파워와 이동속도가 오를 것이다. NumberValue
개체들을 선택하고 속성 창의 Value 속성을 수정해서 얼마든지 다른 값을 입력해도 된다.

완성되었다면 F5를 눌러 직접 만든 파워 업 파트를 테스트해보자.

---

1   옮긴이 점프 높이

Attirbutes 속성 설정하기

로블록스 스튜디오에 인스턴스와 개체 관련해서 새로 등장한 요소로 Attributes가 있는데, 속성 창의 맨 아래에서 확인할 수 있다. 방금 전까지 PowerUpCoin 파트 안에 NumberValue 개체를 삽입해서 사용했는데, 대신에 파트 안에 직접 속성을 추가해서 사용해도 된다. 파트를 선택하고 속성 창을 맨 아래까지 스크롤한다. 속성 추가 버튼을 클릭하고 나타나는 창에 어떤 종류의 속성을 추가할지 설정한다. 생성했던 NumberValue 개체들과 같은 이름으로 똑같이 생성해주자. 유형은 'number'로 하면 된다.

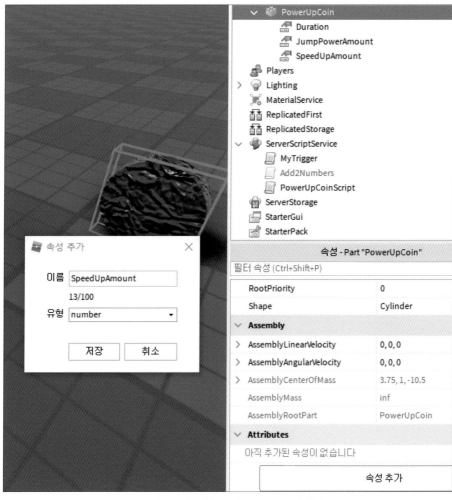

NumberValue를 Attributes로 교체하기

이제 코드만 살짝 수정하면 된다.

```
local SpeedUp = PowerUp.SpeedUpAmount.Value
```
이었던 것이

```
local SpeedUp = PowerUp:GetAttribute("SpeedUpAmount")
```
처럼 바뀐다.

코드 수정이 끝났으면 앞서 만들었던 NumberValue는 삭제한다. 탐색기가 한결 정돈된 모습이다.

대미지 입히기

때론 게임을 진행하면서 플레이어에게 대미지를 주기도 하는데, 플레이어가 총칼에 맞았거나 용암 위로 떨어진 경우 등이 그렇다. 원인이 어떻든, 플레이어에게 주는 대미지는 언제나 Humanoid의 Health 속성을 깎는 식으로 이루어진다.

대미지 코딩하기

이번 예시에서는 밟으면 대미지를 주는 간단한 용암 파트를 만들어보려 한다.

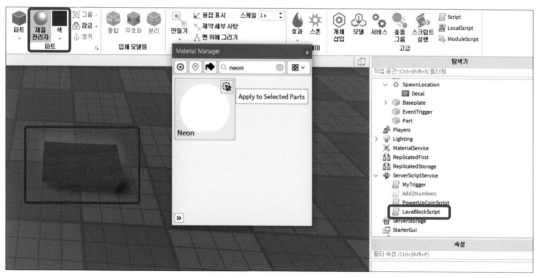

가볍게 만든 네온 재질의 빨간 파트

파트 디자인은 자유지만, 예시에서는 너무 공들여 만들지는 않으려 한다. 간단히 블록 모양 파트를 생성하고, LavaBlock이라고 이름을 지어주고, 앵커하고, 빨간색으로 칠하고, 눈에 띄도록 네온 재질을 적용한다. ServerScriptService에 스크립트를 추가하고 LavaBlockScript라고 이름을 짓는다. "Hello world!" 부분은 지워둔다.

지금까지 했던 것처럼 local 써서 지역변수 몇 개 선언하고, 함수 만들고, Touched 이벤트와 연결했다. 그 뒤에 스크립트의 각 부분을 세부적으로 살펴보려 한다.

```
local LavaBlock = game.Workspace.LavaBlock
    local DamageAmount = 10
local function DealDamage(part)
    local hum = part.Parent:FindFirstChild("Humanoid")
    if hum then
        hum:TakeDamage(DamageAmount)
    end
end
LavaBlock.Touched:Connect(DealDamage)
```

스크립트를 모두 적었으면 테스트를 실행해 작동하는지 확인한다. 파트 위를 밟고 지나가면 화면이 붉게 깜박이며 대미지가 들어오고, 얼마 안 가 캐릭터가 신음소리를 내면서 죽을 것이다. 스크립트가 어떻게 동작했는지 정리하자면 다음과 같다.

1. 먼저 LavaBlock과 DamageAmount, 두 변수를 선언한다. LavaBlock 변수는 Workspace에 생성한 용암 파트다. DamageAmount 변수는 파트에 닿을 때마다 얼만큼의 체력을 깎을지를 넣었다.

2. 다음으로 DealDamage(part) 함수를 만들었다. .Touched 이벤트에서 넘어온 인자를 part 매개변수에서 받고, part의 부모 안에 Humanoid가 있는지 검색하는 함수를 써서 결과를 hum 변수에 반환받는다.

3. if문에서는 Humanoid가 존재하는지 확인한다. Humanoid:TakeDamage(DamageAmount) 함수로 이 Humanoid 개체가 대미지를 입힌다. 대미지양은 DamageAmount 변수만큼이다.

4. 마지막으로 .Touched 이벤트와 DealDamage 함수를 연결해서 이벤트가 트리거되었을 때 함수가 호출되도록 한다.

앞의 스크립트에서 수정할 수 있는 부분이 몇 가지 있다.

- 앞의 스크립트에선 쿨타임 없이 닿을 때마다 대미지가 들어간다. 쿨타임을 원한다면 따로 디바운싱을 해주자.
- 플레이어는 매번 10 대미지씩 입으므로 체력이 바닥나려면 파트가 10번 트리거되어야 한다. 한번 밟으면 바로 죽는 파트를 만들고 싶다면 대미지를 100 이상으로 설정하자.

MaxHealth 속성을 이용하면 캐릭터의 체력과 관계없이 항상 즉사시키는 파트로도 만들 수 있다.

```
hum:TakeDamage(hum.MaxHealth)
```

이때 용암 파트가 하나가 아니라 수십, 수천 개라면 어떻게 해야 할까? 모든 파트에 일일이 스크립트를 넣는 것은 최적화에 좋지 않다. 단 하나의 파트만을 담당해서 그 파트를 누군가가 밟기만을 기다리는 수많은 스크립트가 백그라운드에서 공회전하는 것이다. 하나의 스크립트에서 맵의 모든 용암 파트를 찾아 하나의 함수로 연결한다면 해결되는 문제다. 어떤 파트를 밟아도 언제나 같은 함수가 실행될 것이다.

1. 먼저 Workspace로 돌아가서 용암 파트를 선택한다. Ctrl + D 혹은 ⌘ + D 로 파트를 중복하고 옆으로 옮겨서 규칙적으로 배치해준다. 복제본이 잔뜩 생성되었다.

용암 파트의 수많은 복제본들

2. 스크립트에서 LavaBlock 변수는 삭제하고 Touched 이벤트 부분도 수정해준다. LavaBlock. Touched:Connect(DealDamage) 자리에 다음 코드를 대신 써넣자.

```
for k,n in pairs(game.Workspace:GetChildren()) do
    if n.Name == "LavaBlock" then
        n.Touched:Connect(DealDamage)
    end
end
```

3. for 반복문을 이용해 Workspace 안의 모든 자식 개체를 순회한다. LavaBlock이라는 이름의 개체가 있으면 개체의 Touched 이벤트와 DealDamage 함수를 연결한다. F5를 눌러 다시 테스트해보면 어떤 용암 파트를 밟아도 똑같이 대미지가 들어올 것이다. 이 방법으로 점프 맵 등을 만들 때 사용되는 스크립트 수를 획기적으로 줄일 수 있다.

체력 회복해주기

지금까지 체력을 빼앗는 스크립트를 썼다면, 반대로 체력을 더해주는 스크립트를 써보자. 캐릭터는 기본적으로 1초에 1씩 체력을 자동 회복하는데, 이번 예시에서는 초록색 십자 모양 파트를 만들어 닿은 캐릭터를 더 빠르게 회복시켜보려 한다. 다음 화면처럼 만들어보았다.

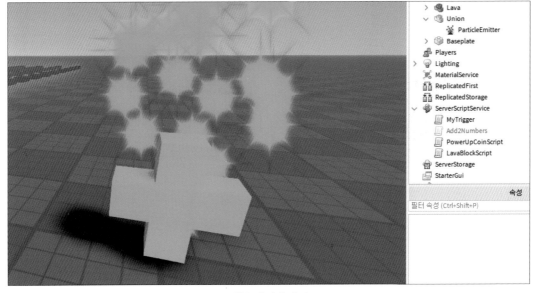

회복 아이템 예시

참고로 제작 과정은 다음과 같다.

1 상단 메뉴의 모델에서 파트를 생성한다.

2 속성 창에서 Size를 3, 1, 1로 설정한다.

3 Anchored 속성을 체크해 앵커한다.

4 CanCollide 속성을 해제한다.

5 Color 속성을 초록색으로 설정한다(#00ff00).

6 Material 속성을 glass 재질로 설정한다.

7 Transparency 속성을 0.25로 설정한다.

8 파트를 선택하고 Ctrl + D 를 눌러 파트를 중복한다.

9 중복한 파트의 Rotation 속성을 0, 0, 90으로 설정한다(잠시 앵커를 풀어주어야 할 수도 있다).

10 Shift 를 누른 채 두 파트를 모두 선택한다.

11 상단 메뉴의 모델에서 통합(Union) 버튼을 클릭하거나 Ctrl + Shift + D 단축키를 누른다.

12 파트를 캐릭터의 가슴 높이 정도 위로 이동한다. 바닥에서 대략 2스터드 높이다.

13 Orientation 속성을 0, 0, 0으로 설정한다.

14 탐색기에서 통합한 파트 안에 Particle Emitter 개체를 삽입한다.

15 탐색기에서 Particle Emitter를 선택해 속성을 본다.

16 Speed 속성을 0으로 설정한다.

17 LifeTime 속성을 1, 5로 설정한다.

18 RotSpeed 속성을 100으로 설정한다.

19 Color 속성을 초록색으로 설정한다(#00ff00).

20 Acceleration 속성을 0, 1, 0으로 설정한다.

21 Transparency 속성을 0.7로 설정한다.

여기까지 따라오느라 고생 많았다. 스튜디오의 여러 창들을 오가고, 다양한 속성을 편집하고, 다양한 종류의 자료형을 체험해보았다. 아직 스크립트는 등장하지도 않았는데, 단순한 파워 업을 만드는 것도 시간을 많이 잡아먹음을 깨달았을 것이다. 로블록스의 개발자들이 게임 제작에 얼마나 많은 시간과 정성을 쏟는지가 얼추 실감된다.

본격적인 코딩으로 들어가자. 통합된 파트의 이름을 HealUp으로 지어주고, 스크립트를 추가해 HealUpScript라는 이름을 붙여준다. "Hello world!" 부분은 지워둔다. 이때 만약 게임 내에 회복 파트를 여러 개 사용할 계획이라면, 파트를 구할 때 이전의 용암 파트 예시를 참고해서 쓰자. 그리고 이번에는 다른 것도 시도해보려 한다. 두 번째 스크립트를 하나 추가해 Animate라고 이름을 붙여주자. 이 스크립트에서는 회복 파트가 회전하도록 만들 것이다. 스크립트에 다음 코드를 작성한다.

```
local Healer = script.Parent
local start_pos = Healer.Position
local start_ori = Healer.Orientation
Healer.Anchored = true
Healer.CanCollide = false

while(1) do
    for x = 0,180,5 do
        wait()
        Healer.Position = start_pos
        Healer.Orientation = Vector3.new(0,x,0)
    end
    task.wait(1)
end
```

코드가 하는 일은 다음과 같다.

1. Healer라는 지역 변수를 선언해 파트를 구하고, 파트의 처음 Position과 Orientation을 start_pos 변수와 start_ori 변수에 저장한다.

2. 파트의 Anchored 속성을 true로 설정하고 CanCollide 속성을 false로 설정한다.

3. 무한 루프를 만든다. 반복문을 설명하면서 무한 루프를 조심하라고 언급했었는데, 지금은 의도적으로 무한 반복하는 것이다. for 반복문 안의 wait()를 넣어 코드가 실행되는 동안

서버 전체가 정지하지 않도록 하였는데, 이렇게 어떤 물건이 움직이는 애니메이션을 구현할 때 등에는 무한 루프를 사용하면 좋다.

4. for 반복문은 1부터 180까지 반복하도록 했는데, 만약 회전시킬 파트나 모델이 비대칭 모양이었다면 360까지 반복해야 했겠지만 지금은 앞뒤가 똑같은 모양이라서 180, 즉 반 바퀴만 돌아도 무방하다. 세 번째 자리의 숫자에는 5를 넣어 5°씩 회전하도록 했다. 반복마다 회전하면서 동시에 Position이 계속 처음 위치 그대로 유지되도록 설정해주면 제자리에서 빙글빙글 도는 것처럼 보인다. 만약 더 천천히 회전하길 원한다면 wait() 함수가 조금 더 오래 기다리게 하거나 5로 설정되어있는 증갓값을 1로 바꾸면 된다.

체력 더하기

파트에 닿았을 때 체력이 회복되도록 해보자. 계속 써왔던 것과 비슷하다.

```lua
local Healer = script.Parent
local HealAmount,TimeBetweenHeals = 10,5

function HealMe(part)
    local hum = part.Parent:FindFirstChild("Humanoid")
    if hum and Healer.Transparency ~= 1.0 then
        hum.Health = hum.Health + HealAmount
        local original_trans = Healer.Transparency
        Healer.Transparency = 1.0
        Healer.ParticleEmitter.Enabled = false
        task.wait(TimeBetweenHeals)
        Healer.Transparency = original_trans Healer.ParticleEmitter.Enabled = true
    end
end
Healer.Touched:Connect(HealMe)
```

변수는 위에, 함수는 중간에, 이벤트 연결은 밑에. 지금까지 써왔던 다른 스크립트와 구조가 동일하다는 점이 보인다. 다만 이번에는 HealAmount 변수와 TimeBetweenHeals 변수에서 약간의 변화를 주었는데, 한 줄에서 동시에 변수를 선언하고 등호 오른쪽에선 한꺼번에 값을 할당했다. 변수를 선언할 땐 다양한 자료형을 쓸 수 있지만, 되도록 숫자는 숫자끼리 문자열은 문자열끼리 모아두는 편이 좋다. 필수는 아니지만 훨씬 보기 깔끔해진다.

HealMe 함수의 구조는 다음과 같다.

1. Touched 이벤트의 인자로 들어온 파트의 부모 안에 Humanoid가 있는지 확인한다.

2. 파트의 Transparency를 확인한다. 파트가 투명하다는 것은 막 사용된 참이라는 의미니까 다시 불투명해지기 전까지는 작동하지 않게 하는 것이다. 따로 변수를 만들어줄 필요 없이 Transparency가 바로 디바운싱을 해주는 셈이다.

3. 조건문 확인이 끝났으면 HealAmount 변숫값만큼 캐릭터 체력을 높여준다.

4. 파트의 원래 Transparency를 미리 저장한 다음, 1.0으로 설정해서 파트가 보이지 않게 한다.

5. Particle Emitter의 Enabled 속성을 꺼서 파트 주변 파티클도 보이지 않게 한다.

6. task.wait() 함수를 이용해 TimeBetweenHeals 변숫값만큼 기다린다. 이 시간 동안 파트는 투명해지고, 시간이 끝난 후에 다시 파트와 파티클이 보이도록 한다.

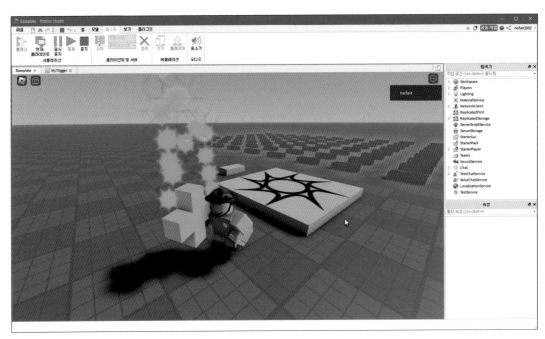

회복 아이템 먹기

테스트를 위해선 캐릭터에게 대미지를 주어야 하는데, F5로 테스트를 켠 다음 이전에 만들었던 용암 파트 위로 걸어가 체력을 빠르게 줄인다. 죽지 않게 조심하자.

또는 탐색기에서 Workspace 안의 캐릭터 모델을 찾아 Humanoid 개체의 Health 속성값을 50 으로 줄여도 된다. 똑같이 캐릭터에게 대미지가 들어갈 것이다. 그 후에 회복 파트로 다가가면 파트가 사라지면서 체력이 어느 정도 회복되는 것을 볼 수 있다.

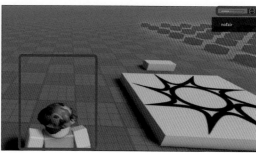

체력이 증가한 모습

마무리

이번 장에서는 체력을 줄이거나 늘리는 등 간단한 효과를 주는 방법을 알아보았다. 무기 아이템을 주거나 하는 등 다른 효과들도 더 있지만 지금은 가장 기본적인 작동 구조만 가볍게 훑어보았다. 책 내용을 조금 비틀어 다르게 스크립트를 써보는 등 여러 가지 실험을 해봐도 좋다. 파트 속성을 편집하고 Humanoid를 찾고, 이벤트를 트리거하는 방법을 배웠으니 이를 바탕으로 자유롭게 스크립트를 뜯어 고치며 탐구해보기 바란다.

위치 이동시키기

캐릭터를 달리거나 점프하게 만드는 것도 물론 재미있지만, 아예 다른 곳으로 순간이동 시켜보는 건 어떨까? 이번 장에서는 캐릭터를 한 위치에서 다른 위치로 텔레포트시키는 방법을 배워볼 예정이다.

텔레포트

게임을 만들다보면 캐릭터를 한 위치에서 다른 위치로 곧바로 이동시켜야 하는 일이 있을 것이다. 그런데 캐릭터의 Head나 Torso 파트를 이동시키려 하면 파트가 캐릭터로부터 떨어져 나가면서 캐릭터가 죽는다.

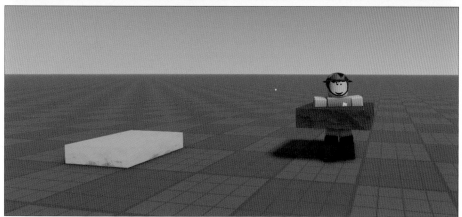

분명 이걸 의도한 건 아니다

준비 작업

텔레포트 발판을 만드는 것부터 시작하자. 문, 바닥, 아이템, NPC 어떤 물건이든 상관없는데, 여기서는 파트 2개만으로 간단히 만들어보려 한다. Workspace에 파트를 생성하고 Pad1이라는 이름을 지어주었다.

블록 모양 파트 생성	이름 바꾸기	이름을 수정한 모습

파트의 겉모습은 자유롭게 정해주면 된다. 여기서는 네모 모양의 하늘색 포장지foil 재질의 파트로 설정해주었다. 파트를 선택해서 Ctrl + D로 중복해duplicate 복제본을 만들어주자.

여기 파란 블록 파트가 있다	파트가 복사가 되었다

두 번째 파트는 Pad2로 이름을 지어주고 다른 색을 칠해준다. 여기서는 자주색으로 칠해주었다.

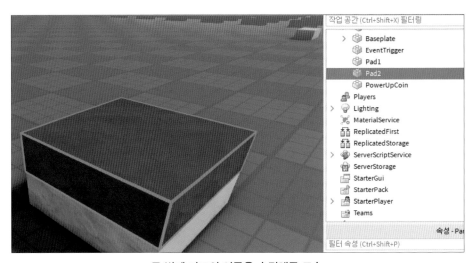

두 번째 파트의 이름을 수정해준 모습

탐색기 창에서 [Ctrl]을 꾹 눌러 두 파트를 선택한다. [Ctrl] + [G] 단축키로 두 파트를 그룹화해 모델로 만든다. 나중에 스크립트로 두 파트를 찾기 훨씬 쉬워질 것이다.

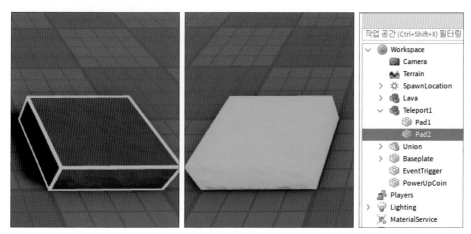

두 텔레포트 발판을 모델로 묶은 모습

두 파트는 꼭 앵커해서 어디론가로 날아가버리는 일이 없게 한다. 앵커하는 방법을 다시 설명하자면, 파트를 선택해서 속성 창의 Anchored 속성을 체크하면 된다.

Anchored 속성을 켜서 파트를 고정하자

이제 모델 안에 서버스크립트를 추가해서 텔레포트 기능을 만들어보자. 모델 오른쪽의 십자 버튼을 클릭해 스크립트를 삽입한다. 그리고 모델 이름도 따로 지어줘서 다른 모델과 구분되도록 한다. 여기서는 Teleports라고 지어주었다.

십자 버튼을 클릭해 스크립트를 삽입한다

검색창에서 'script'라고 검색한다. Script를 선택할 때
LocalScript를 선택하지 않게 주의한다.

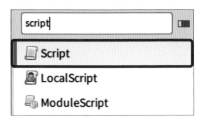

스크립트 추가하기

스크립트

이제 스크립트를 작성해보자. 일관성을 위해 TeleportScript라고 이름을 수정해서 다른 스크립트들과 구분한다. 이상적으로는 이 스크립트도 ServerScriptService로 옮겨서 클라이언트의 접근을 막아야 하겠지만, 여기서는 Workspace의 모델 안에 그대로 두었다. 텔레포트 발판이 작동하는 여러 가지 방식 중에, 한쪽 발판을 밟으면 다른 쪽 발판으로 이동되는 양방향 발판으로 만들려 한다. 원하는 곳에 발판만 배치하면 그곳이 텔레포트 지점이 되는 것이다. print("Hello world!")를 지우고, 각 발판의 경로부터 찾아서 변수에 저장하자. 이후에 변수에서 바로 속성을 찾으면 된다.

```
local pad1 = script.parent.Pad1
local pad2 = script.parent.Pad2
```

텔레포트 발판의 쿨타임, 즉 디바운싱을 담당할 변수도 추가해서 누가 텔레포트한 직후에 반대쪽 발판이 바로 반응해서 다시 원래 위치로 텔레포트해 돌아오는 일이 없도록 한다.

```
local canTeleport = true
```

다음으로 '오프셋offset'을 설정해야 한다. 발판 위치 그대로 텔레포트하는 것이 아니라 발판 위로 텔레포트를 해야 하므로 발판 위치에 높이를 약간 보태줄 필요가 있다. 이때 사용하는 자료형은 Vector3로, x, y, z의 3가지 숫자로 구성된다.

```
local offset = Vector3.new(0,5,0)
```

두 텔레포트 발판이 각자 닿은 파트가 캐릭터의 일부인지 확인하게 하지 말고, 대신 함수를 따로 만들어서 HumanoidRootPart 개체[1] 혹은 false를 반환하게 한다.

1　**옮긴이** 지난 장에서 체력을 다룰 때는 Humanoid를 사용했으나, 이번 장에서는 캐릭터의 물리적 위치를 이동시키므로 HumanoidRootPart를 찾는다. HumanoidRootPart는 캐릭터의 물리적 중심 역할을 한다.

```
function isHuman(part)
    local hum = part.Parent:FindFirstChild("HumanoidRootPart")
    return hum
end
```

함수를 2개 만든다. 하나는 Pad1에서 Pad2로, 다른 하나는 Pad2에서 Pad1로 이동하는 함수
인데, Touched 이벤트는 닿은 파트만 알려주고 닿음당한 파트는 알려주지 않아서 이렇게 따로
분리해야 한다. 지금은 아무것도 쓰지 않은 상태다.

```
function ToPad1(part)
end
```

```
function ToPad2(part)
end
```

각 발판의 Touched 이벤트를 각각의 함수와 연결해서 누가 밟았을 때 반응하도록 하자.

```
Pad1.Touched:connect(ToPad2)
Pad2.Touched:connect(ToPad1)
```

Touched 이벤트와 함수를 연결했으므로 함수가 텔레포트를 하도록 내용을 써주었다. 섹션별
로 나눠서 코드를 해설해보자.

```
function ToPad1(part)
    local hum = isHuman(part)
    if hum and canTeleport then
        canTeleport = false
        hum.CFrame = pad1.CFrame + offset
        task.wait(5)
        canTeleport = true
    end
end
```

```
function ToPad2(part)
    local hum = isHuman(part)
    if hum and canTeleport then
        canTeleport = false
        hum.CFrame = pad2.CFrame + offset
```

```
        task.wait(5)
        canTeleport = true
    end
end
```

두 함수는 텔레포트 목적지만 다르지 내용은 동일하다. 매개변수로 어떤 파트가 닿았는지 받아서 isHuman 함수에 전달한다. isHuman 함수는 HumanoidRootPart가 있다면 그것을 반환하고 아니라면 nil을 반환할 것이다.

조건 확인이 모두 끝났으면 canTeleport를 false로 바꾸고, 플레이어를 텔레포트시킨다.

```
canTeleport = false
hum.CFrame = pad1.CFrame + offset
task.wait(5)
canTeleport = true
```

HumanoidRootPart 파트를 움직일 건데, CFrame 속성이 캐릭터나 파트의 위치, 회전도, 방향 정보를 모두 가지고 있다. 캐릭터의 CFrame을 텔레포트 발판의 CFrame으로 바꾸되, 5스터드 위의 위치로 옮긴다. 그러지 않으면 발판에 캐릭터가 박혀버린다. 텔레포트 후 5초 기다리고, 다시 canTeleport를 true로 바꿔준다.

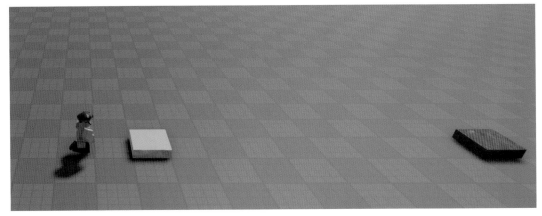

텔레포트 전, 하늘색 발판으로 다가가는 캐릭터

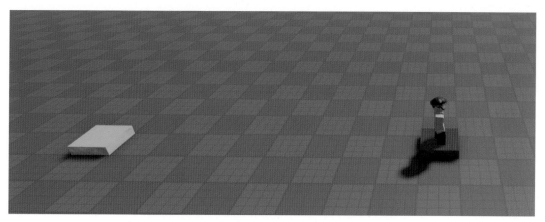

텔레포트 후, 순식간에 자주색 발판으로 이동한 캐릭터

이전에 언급했듯이 캐릭터를 이동시키는 방법은 이 말고도 있는데, 가장 중요한 점은 Torso나 Head 등의 파트가 아닌 HumanoidRootPart의 CFrame을 쓰는 것이다. 완성한 텔레포트 발판을 한번 멀리 떨어트려보고도 시도해보자.

CFrame이란?

캐릭터를 텔레포트할 때 CFrame을 썼는데, CFrame이란 정확히 무엇일까? CFrame이란 어떤 개체를 감싼 보이지 않은 프레임으로, 개체의 3D 위치position와 방향orientation을 정해주는 속성이다. Vector3도 짚고 넘어가자면, 벡터는 x, y, z의 3개 숫자로 구성되어 Workspace 공간의 각 축을 나타낸다.

Vector3가 꼭 위치를 나타내는 건 아니라서, 이동, 스케일, 회전 도구의 빨강, 초록, 파랑 축을 나타내기도 한다. 파트의 크기나 회전도 Vector3로 나타낸다. 무엇이든 숫자 3개로 구성된 값이 필요하다면 Vector3를 사용되면 된다.

CFrame에 Vector3를 쓰는 경우는 몇 가지가 있는데, 이번에 사용한 경우에는 위칫값이다. 캐릭터가 텔레포트했을 때 항상 특정 방향을 바라봄을 눈치챘을지 모르겠지만, 텔레포트 발판의 CFrame을 그대로 캐릭터 CFrame에 적용해서 캐릭터가 바라보는 방향이 발판이 바라보는 방향과 똑같아진 것이다.

CFrame 생성하기

CFrame을 더 깊게 이해해보기 위해 CFrame값을 생성하는 여러 방법을 알아보자. 괄호에 아무 값도 입력하지 않고 CFrame.new()만 적으면 빈 CFrame을 생성할 수 있지만, CFrame의 값을 따로 입력할 땐 다양한 '생성자'를 이용한다. 다음은 생성자 목록인데, 모든 생성자 목록은 아래 링크에서 확인할 수 있다.

https://create.roblox.com/docs/reference/engine/datatypes/CFrame#properties

- CFrame.new(Vector3 pos) ─ CFrame의 Position값을 Vector3로 받는다.
- CFrame.new(Vector3 pos, Vector3 lookAt) ─ 첫 인자를 Position값으로 받고, 두 번째 인자로 어디를 바라볼지look at Position값을 받아서 앞면의 방향을 그곳으로 향한다.
- CFrame.new(number x, number y, number z) ─ x, y, z Position값으로 구성된 CFrame.
- CFrame.new(number x, number y, number z, number qx, number qy, number qz, number qw) ─ 앞의 인자 3개(x, y, z)는 Position값이고, 뒤의 인자 4개(qx, qy, qz, qw)는 쿼터니언quaternion(사원수) 형식의 Rotation값이다.

오일러Euler 회전이나 쿼터니언 계산은 별개의 책으로 다뤄야 할 정도로 복잡해 이 책에서는 다루지 않고, 간단한 lookAt 벡터 정도를 다뤄보려 한다.

Workspace에 스크립트를 추가하고 다음 코드를 쓴다. 단, codeprime8 부분은 저자의 아이디이므로 자신의 아이디로 교체해준다.

```
local myPart = Instance.new("Part",workspace)
local myPos = Vector3.new(0,10,0)
local myLook = Vector3.new(0,1,0)
local myCFrame = CFrame.new(myPos,myLook)
myPart.Anchored = true
while (task.wait()) do
    myPart.CFrame = myCFrame
    target = workspace:WaitForChild("codeprime8")
    myLook = target.HumanoidRootPart.Position
    myCFrame = CFrame.new(myPos,myLook)
end
```

코드의 구조는 다음과 같다.

- 먼저 새 파트를 Workspace에 생성해 `myPart` 변수에 반환받는다.
- Position용 Vector3값을 생성해 `myPos` 변수에 반환한다. 파트가 나타날 위치다.
- `myLook` 변수에는 파트가 바라볼 위치를 넣을 것이다. 선언할 때 넣은 건 임의의 값으로 다음 줄에서 Cframe을 생성할 때 한 번만 사용된다. 이후 반복마다 HumanoidRootPart 위치를 넣는다.
- 다음 변수는 `myCFrame`으로, 앞의 두 변수를 Position과 lookAt 인자로 넣어 CFrame값을 생성해 반환한다.
- 그 후 `myParts`의 Anchored 속성을 `true`로 설정한다. 파트가 물리엔진의 영향을 받아 아래로 떨어지거나 하지 않도록 하기 위한 조치다.
- while 반복문으로 무한 루프를 만들고, `wait()`도 넣어 제어해준다. 처음 반복될 때 파트의 CFrame을 `myCFrame` 값으로 설정했다.
- 캐릭터를 저장할 변수를 선언한다. 등호 오른쪽에는 `workspace:WaitForChild("codeprime8")`을 적어 캐릭터가 Workspace에 추가될 때까지 기다렸다가 추가되면 변수에 반환한다.
- 다음으로 `myLook` 변숫값을 HumanoidRootPart의 Position 속성값으로 설정한다. 캐릭터 위치를 lookAt 인자로 삼을 것이다.
- 준비한 변수들을 바탕으로 새 CFrame값을 생성한다.

게임을 실행해보면 캐릭터가 어디로 움직이든 파트가 계속 부담스럽게 쳐다본다.

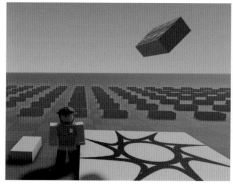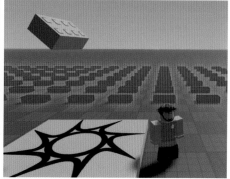

캐릭터를 지그시 바라보는 파트

심화 CFrame 다루기

여기서 더 복잡한 내용으로 나아가보자. 게임 내의 모든 플레이어를 찾고, 각 캐릭터의 위치를 찾고, 가장 가까이 있는 캐릭터를 lookAt 인자로 삼아 쳐다보게 만든다. 어려운 듯하지만 하나하나 쪼개서 만들어보면 생각보다 쉽다. 새 함수를 만들어보자.

방금 작성한 무한 루프 바로 위에 다음과 같이 써본다. (7~8줄은 너무 길어 두 줄에 걸쳐 쓰였는데, 실제 스크립트를 입력할 때는 한 줄에 써야 해서 붉은색 엔터 기호로 표시했다.)

```
local function getClosestAvatarPosition(part)
    local Players = game.Players:GetChildren()
    local PlayerPositions = {}
    if #Players > 0 then
        for key, Player in pairs(Players) do
            local plName = Player.Name
            local plPos = game.Workspace:WaitForChild(Player.Name).↵
            HumanoidRootPart.Position
            local plDis = (part.Position - plPos).magnitude
            table.insert(PlayerPositions,key,{plName, plPos, plDis})
        end
        local Hunting = PlayerPositions[1]
        for x = 1,#PlayerPositions,1 do
            if PlayerPositions[x][3] < Hunting[3]then
                Hunting = PlayerPositions[x]
            end
        end
        if Hunting[2] then
            return Hunting[2]
        else
            return part.Position
        end
    else
        return part.Position
    end
end
```

무한 루프도 약간 수정해야 한다. 다음과 같이 쓰면 된다.

```
while (task.wait()) do
    myPart.CFrame = myCFrame
    myLook = getClosestAvatarPosition(myPart)
    myCFrame = CFrame.new(myPos,myLook)
end
```

손가락이 아플 정도로 상당히 긴 코드다. 코드 구조도 상당히 복잡하고 여러 섹션으로 나뉘는 모습인데, 하나하나 분해해보도록 하자.

- 먼저 반복문 안에서 무엇을 하는지 살펴보자. getClosestAvatarPosition(myPart) 함수를 호출해서 myLook 변숫값을 반환받았다. 함수 인자로 아무 파트를 전달하면, 가장 가까운 캐릭터의 위치를 반환해준다. 함수로 들어가보면 맨 위에 변수 2개를 선언했는데, 정리하자면 다음과 같다.
  - Players 변수는 현재 서버에 접속한 플레이어의 테이블 목록이다.
  - PlayerPositions는 각 플레이어와 위치, 거리 정보를 저장할 테이블이다. 지금은 비어있지만 이후 채워질 예정이다.

- 첫 if문은 #Players라고 써서 플레이어의 수를 구했다. 플레이어가 아무도 없다면 수는 0이 되며, 그때는 파트의 Position값을 그대로 반환한다.[2]

- 첫 for 반복문에서는 플레이어 목록을 순회한다. 각 반복에서 plName, plPos, plDis 변수들을 선언하는데, 각각 플레이어 이름Name, 캐릭터 위치Position, 파트로부터의 거리Distance를 나타낸다. 플레이어가 막 접속한 참이라 캐릭터가 생성되지 않았을 수도 있으니 WaitForChild 함수로 탐색했다.

- 파트와 캐릭터의 거리는 각 개체의 Position값의 차를 구하고, .magnitude를 붙여 직선거리를 반환받으면 된다.

- table.insert 함수를 호출해 PlayerPositions 테이블에 각 변숫값을 저장한다.
  - 첫 번째 인자에는 값을 저장할 테이블이 들어간다.
  - 두 번째 인자는 값에 할당할 번호, 즉 인덱스다. Players 테이블에 매겨진 순서 그대로 넣었다.

2　　**옮긴이** Position값을 반환하는 부분은 앞 페이지 코드의 밑에서 3번째 줄을 보면 else 이하에 return part.Position이라고 있다.

– 세 번째 인자는 저장할 값이다. 여기서는 동시에 3개의 값을 저장하려 하므로, 이들을 중괄호({})로 묶어 저장했다.[3]

`PlayerPositions` 테이블에는 다음과 같은 형태로 값이 저장된다.

1	codeprime8	{3,1,8}	5.22223
2	Player1	{2,1,9}	6.63333

테이블 안의 테이블을 어떻게 참조할까? 먼저 `PlayerPositions` 변수가 테이블 자체를 나타낸다. `PlayerPositions[1]`은 테이블의 첫 번째 항목이다. 그리고 `PlayerPositions[1][1]`은 그 안의 첫 번째 항목인 codeprime8이다.

도로 주소에 빗대 생각해보면 그리 복잡하지 않다. 누가 주소를 물어봤을 때 '대한민국'이라고 대답하면 이상한 사람 취급을 받는다. '대한민국, 서울특별시'라고 대답해도 마찬가지일 것이다. '대한민국, 서울특별시 강남구'는 주소가 맞지만 너무 범위가 넓다. '대한민국, 서울특별시 강남구 테헤란로 ○○길'이라고 해야 정확한 주소다. codeprime8이 바로 정확한 주소와 같다고 생각하면 된다.[4]

이름과 위치와 거리 정보를 담은 테이블이 완성되었으면, 어느 것이 가장 작은지 비교해볼 차례다. 다시 한번 테이블을 순회해서 거리 정도를 확인한다. `Hunting`이라는 변수를 새로 선언해서 테이블의 첫 번째 항목을 `PlayerPositions[1]`을 할당했다. for 반복문으로 `PlayerPositions` 테이블을 1부터 끝까지 순회해서 각 캐릭터의 위치를 `PlayerPositions[x][3]`처럼 써서 참조하고 현재 `Hunting`의 거릿값과 비교한다. 만약 새로 참조한 값이 기존 `Hunting[3]`값보다 작다면, 새로 찾은 것으로 교체해준다.

테이블 순회가 모두 끝났다면, 가장 작은 값이 마지막에 남아있을 것이다. 이 값이 가장 가까운 캐릭터와의 거리이며, 캐릭터의 위칫값 `Hunting[2]`가 유효한지 조건문으로 확인하고, 반환

---

3 **옮긴이** 테이블을 생성할 때 중괄호를 쓰므로, 테이블 안에 테이블을 저장한 셈이다.
4 **옮긴이** 예를 들어 서울특별시 강남구 테헤란로 ○○길이라는 주소를 살펴보면, 맨 처음에 서울특별시에서 시작해서, 서울 안의 수많은 구 중에 강남구를, 강남구 안의 수많은 도로명 중에 테헤란로를, 테헤란로 안에서도 ○○길을 선택했다. 주소가 하위 단계로 내려가면서 적히듯이, 테이블도 하위 테이블로 내려가면서 참조하는 것이다.

해준다. 모종의 이유로 Hunting[2] 가 없는 경우에는 파트 위치를 그대로 반환해 에러를 방지한다. 코드를 테스트하기 위해 상단 메뉴의 테스트에서 로컬 서버Local Server와 플레이어 2명 항목을 선택한 다음에 시작Start 버튼을 누른다.

새 창이 3개 뜨는데,[5] 첫 번째 창은 기존에 열려있는 스튜디오 창과 비슷한 모습으로 테스트 서버의 서버 역할을 한다. 2, 3번째 창은 각 플레이어의 클라이언트 역할을 한다. 각 창을 통해 플레이어1과 플레이어2를 조종할 수 있다. 스크립트가 문제없이 작동하는지 테스트하려면 로컬 서버를 열어 테스트해보는 게 좋다. 여기서 작동해야 실제 게임에서도 작동이 된다.

다음 메뉴에서 코드를 테스트해보자

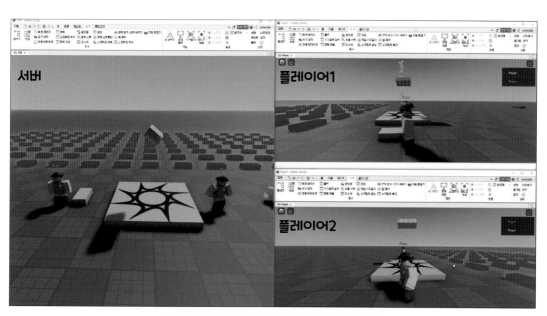

플레이어가 여러 명일 때를 테스트해볼 수 있다.

플레이어 캐릭터를 이리저리 움직여보면 가장 가까이 있는 캐릭터를 파트가 바라본다. 가까운 사람을 조준하는 포탑Turret Gun이나, 지나가는 사람을 지켜보는 고양이 눈동자 등을 구현할 때

5　**옮긴이** 방화벽 알림이 같이 뜨기도 한다. 액세스를 허용하면 된다.

모두 이 방식이 쓰인다. 물건과의 상호작용을 위한 최대 거리를 설정할 때도 이 방식을 사용해서, 일정 거리 이상부터는 상호작용을 하지 않게 할 수도 있다.

이번 코드를 통해 CFrame의 Position이나 lookAt 인자는 물론이고, 개체 목록을 순회해서 탐색하고, 테이블에 정리하고, 원하는 결과를 반환하게 만드는 것까지 해냈다.

Body Mover란?

파트가 여기저기를 바라보도록 만들어보았으니, 이번에는 파트가 펫처럼 캐릭터를 아예 따라다니게 해보자. Body Mover라는 개체를 새로 소개하려 하는데, 이 개체들은 마치 엔진처럼 파트에 달려서 파트를 이리저리 움직이게 도와준다. 펫을 만들 때 주로 쓸 개체는 BodyPosition 이다.

이번 예시에 사용할 모델로는 메시mesh를 준비했는데, https://create.roblox.com/marketplace/asset/1257304279/Meshesship2-2 링크에서 무료로 받아쓸 수 있다.

저자가 만들어 업로드해놓은 메시

또는 스튜디오에서 상단 메뉴의 보기로 들어가 도구 상자를 열고, 검색 카테고리를 메시로 설정한 후에 'Meshes-ship2-2'라고 검색해서 찾을 수도 있다. 맨 첫 번째 항목에 화면과 같은 우주선이 있다. 블렌더3D를 이용해서 메시를 만들었는데, 이 책은 블렌더를 다루지 않으므로 여기서 메시 제작 내용은 다루지 않을 것이다.

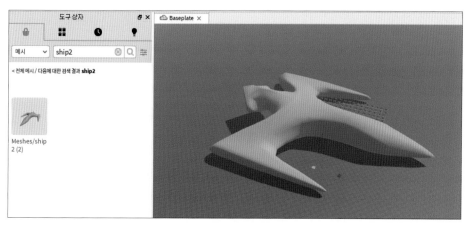

메시의 속성 수정하기

메시를 추가했으면 스케일 도구부터 꺼내서 크기를 줄이자. 속성 창에서 Size를 4,1,5로 수정하는 방법도 추천한다. 알맞은 크기로 한 번에 작아진다.

다음은 우주선에 텍스처를 입힐 차례다. 텍스처도 미리 준비해둔 것이 있으니 TextureID 속성에 1257302541를 입력한다. 엔터를 치면 기본 회색 텍스처에 새 텍스처가 입힌다.

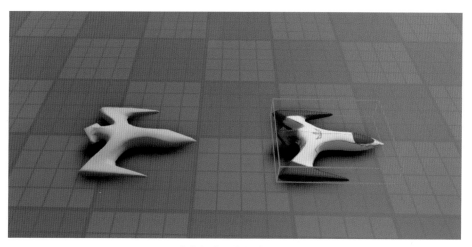

메시의 텍스처가 바뀐 모습

메시가 준비되었으니, 이 메시 파트가 우리를 따라 움직이게 만들어보자. 군이 우주선이 아니라도 다른 모양의 메시를 사용해도 되는데, 이때는 그 메시의 X축이 정면을 향하도록 주의해주자. 탐색기 창에서 탐색기 창에서 메시 안에 스크립트를 추가하자. 스크립트의 이름은 PetScript라고 수정한다. 아직까지는 서버스크립트만 다루려 한다. 스크립트 안에서는 BodyPosition이라는

Body Mover를 생성해줄 것이다. 캐릭터를 찾고, 우주선이 캐릭터를 바라보게 만들고, 캐릭터가 움직이면 우주선도 뒤따라 움직이게 만든다. 캐릭터에 딱 붙지 않고 살짝은 떨어지도록 어느 정도 거리도 두게 만들어 보자. 다음 스크립트를 따라 적는다.

```
local NewPet = script.Parent NewPet.CanCollide = false
local PetPos = Instance.new("BodyPosition", NewPet)
local PetGyro = Instance.new("BodyGyro", NewPet)
PetGyro.MaxTorque = Vector3.new(400000,400000,400000)

local Owner = 'codeprime8'

while(1) do
    task.wait()
    local OwnerObj = workspace:WaitForChild(Owner)
    local OwnerPos = OwnerObj.HumanoidRootPart.Position
    local StopAt = ((OwnerPos - NewPet.Position).magnitude - 5) * 1000
    PetPos.P = StopAt
    PetPos.Position = OwnerPos + Vector3.new(0,10,0)
    PetGyro.CFrame = OwnerObj.HumanoidRootPart.CFrame
end
```

하나하나 파헤쳐보자.

1. 먼저 script.Parent를 NewPet 변수에 저장했다.

2. CanCollide를 해제해서 벽이나 물건에 부딪히지 않게 한다.

3. 파트가 이리저리 바라보고 여기저기 돌아다니게 하기 위해선 2가지 Body Mover가 필요하다.

   A. PetPos 변수에 BodyPosition개체를 생성해 반환한다.

   B. PetGyro 변수에 BodyGyro 개체를 생성해 반환한다. PetPos는 따로 설정해줄 게 없지만, PetGyro는 MaxTorque[6] 속성을 설정해야 한다. BodyGyro를 처음 생성할 때 MaxTorque의 기본값은 400000, 0, 400000이다. Y축으로는 아무 회전이 가해지지 않는다는 뜻인데, 우주선이 캐릭터와 같은 방향을 바라보도록 하려면 Y축 숫자도 높여주어야 한다.

---

6   [옮긴이] 최대 토크, 즉 회전력을 말한다.

4. 다음은 우주선의 주인을 설정한다. Workspace 안에 적은 캐릭터 모델을 이름으로 찾을 것이다.[7]

5. 지금까지 해왔던 것처럼 whilte 반복문을 만들고 wait() 함수를 넣는다. local OwnerObj 변수를 선언해서 캐릭터 모델 개체를 찾는다. 캐릭터 모델을 찾았으면 모델의 HumanoidRootPart의 Position값을 OwnerPos 변수에 저장한다.

6. 여기서 수학 계산을 조금 한다. 일정 거리 미만이 되면 우주선이 더 이상 다가오지 않게 해야 하므로 OwnerPos와 우주선의 Position값의 차를 구하고, .magnitude를 붙였다. 이렇게 구한 거리에 –5를 해서 캐릭터 5스터드 뒤에서 멈추게 한다.[8] 마지막으로 숫자에 1000을 곱했는데, 1000을 곱하지 않으면 우주선 파트가 천천히 바닥 아래로 떨어져서 해둔 조치다. 완성된 값은 StopAt 변수에 넣는다.

7. StopAt 변숫값을 PetPos.P에 넣는다. P속성은 파트가 목표 위치까지 이동할 때 사용되는 힘의 양이다. P가 높으면 강한 힘으로 순식간에 목표 지점까지 날아가고, P가 낮으면 약하게 느릿느릿 움직인다.

8. 다음으로 PetPos.Position을 주인 위치로 설정해준다. 우주선이 주인의 몸통을 뚫고 들어오는 것은 원치 않으니, PetGyro.CFrame을 주인의 CFrame으로 설정할 때 Vector3.new(0,10,0)를 더해서 10스터드 위를 비행하게 한다. BodyPosition과 BodyGyro는 CFrame처럼 사용되면서도 철저히 자기 범위를 벗어나지 않는다. BodyPosition은 오로지 Position에만, BodyGyro는 오로지 Rotation에만 영향을 준다. BodyPosition에 회전도가 포함된 CFrame값을 넣어도 파트 회전도에 절대 영향을 주지 않는 것이다. 그래서 반대로 PetGyro의 CFrame도 캐릭터의 CFrame으로 곧바로 설정하면 된다.

F5를 눌러 테스트해보자. 우주선이 캐릭터와 같은 방향을 바라보며 뒤따라온다.

---

7 (옮긴이) 저자는 local Owner = 'codeprime8'이라고 썼는데, codeprime8은 저자의 이름이므로 본인의 것으로 교체해주자.

8 (옮긴이) 거리가 5가 될 경우 5에 –5를 하므로 StopAt의 값은 0이 되고, 그 다음 줄에서 P 속성에 0이 들어가면 힘이 0이 되므로 우주선이 움직이지 못하게 되는 원리다.

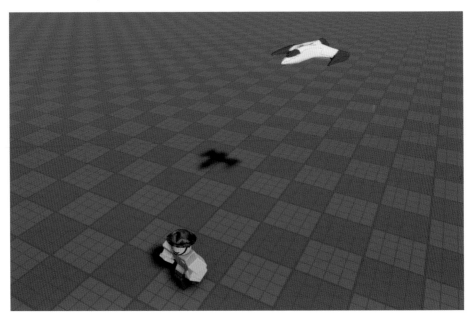

우주선 메시가 캐릭터를 따라온다

마무리

이번 장에서는 캐릭터를 여기저기 이동시켜보았고, CFrame도 다뤄보았으며, Body Mover 개체를 추가해 따라오는 우주선도 만들어보았다. 이제 겨우 수박 겉핥기 수준으로 알아본 것이니, 배운 내용을 토대로 스스로 더 탐구해보아도 좋다.

예를 들면 Body Mover로 X축과 Z축으로만 움직이는 파트를 만들 수 있다. 파트를 아무리 밀고 당기고 벽에 부딪혀도 절대 위아래로는 움직이지 않는다. 아니면 여기 몇 가지 아이디어가 더 있다.

- 영화 〈백 투 더 퓨처 II〉에 나오는 호버보드
- 유도탄 미사일
- 따라오는 말벌떼
- 하늘 위를 떠다니는 구름
- 앞뒤로 움직이는 플랫폼

여기까지. 그럼 6장 끝.

CHAPTER

7

데이터 저장

게임 내 정보를 저장하는 이유는 많다. 플레이어가 몇 레벨을 달성했는지, 골드는 얼마나 모았는지, 가진 아이템은 무엇인지 게임이 기억하게 하거나, 현재 실행중인 게임 서버는 몇 개인지, 어떤 아이템이 수집된 총 횟수는 몇 번인지 게임 환경 데이터를 저장하고 싶을 수도 있다. 게임의 모든 정보를 정말 저장해야 하는지, 굳이 사용처가 없는 데이터까지 저장해야 하는지 궁금해하는 사람도 있다. 이번 장에서는 각 플레이어 데이터 저장과 서버 관련 게임 환경 데이터 저장까지 다뤄볼 예정이다. 로블록스에서 유서 깊게 쓰이는 리더보드leaderboard 만들기부터 DataStoreService 클래스까지 살펴보자.

리더보드

럼버타이쿤2Lumber Tycoon 2, 제일브레이크Jailbreak, 파밍 시뮬레이터Farming Simulator 등의 게임을 플레이해본 사람은 이미 리더보드가 익숙할 것이다. 보통 오른쪽 위에 뜨는 것은 각 플레이어의 정보다. 여기는 플레이어의 돈, 레벨, 경험치, 팀 등이 나타난다.

오른쪽 위에 뜨는 리더보드의 모습

DataStoreService로 저장하는 방법을 다루기 전에, 먼저 API 서비스 권한을 허용해야 한다. API는 'application program interface'의 두문자어로, 게임이 로블록스 서버와 정보를 주고받을 수 있게 해준다. 이 서비스를 이용해 어떤 유저의 정보든 저장하고 불러올 수 있다. 현재 레벨이 어떻게 되는지, 언제 마지막으로 접속 종료했고 다시 접속했는지가 모두 거기 들어있다. API를 허용하기 위해선 로블록스 사이트로 들어가야 한다. 상단 메뉴의 '만들기'로 들어가, 원하는 게임을 찾고, 설정 버튼(기어 모양 아이콘)을 열어 Configure Experience 항목을 클릭한다.

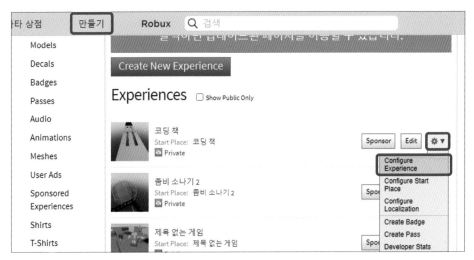

Configure Experience로 들어가는 과정

Configure Experice의 Basic Settings 메뉴를 보면 Enable Studio Access to API Services라고 쓰인 체크박스가 있는데, 상자를 체크하고 Save를 누르면 된다.

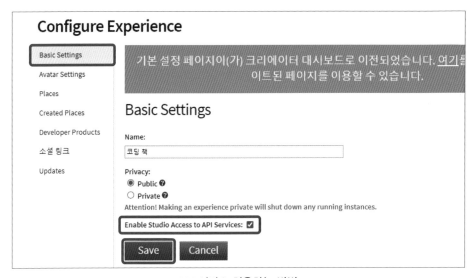

API 서비스 허용하는 방법

사이트에서 API를 허용했다면 스튜디오 안에서도 DataStore API를 호출할 수 있는지 확인해야 한다. 파일의 게임 설정[1]으로 들어가서, 보안 탭으로 간 후, Studio의 API 서비스 접근 활성화 항목을 선택한다.

---

1 **옮긴이** 게임 설정은 상단 메뉴의 홈에서도 기어 모양 아이콘으로 확인할 수 있다.

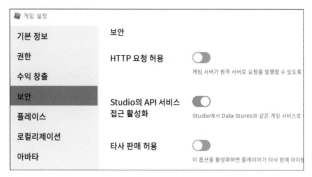

Studio의 API 서비스 접근 활성화

꼭 데이터 저장에 리더보드가 필요한 건 아니지만, 플레이어끼리 서로 점수를 비교하고 순위를 매길 때는 유용하다. 럼버타이쿤2처럼 money값을 보여주는 간단한 리더보드를 만들어보자. ServerScriptService에 LeaderBoardScript라는 이름의 스크립트를 새로 추가한다.

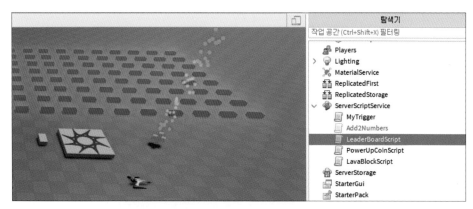

스크립트 이름을 LeaderBoardScript라고 지어준다

스크립트를 열어 다음 코드를 입력하자.

```lua
local function AddBoard2Player(player)
    local board = Instance.new("Model",player)
    board.Name = "leaderstats"

    local money = Instance.new("IntValue",board)
    money.Name = "Money"
    money.Value = 0
end

game.Players.PlayerAdded:Connect(AddBoard2Player)
```

스크립트 내용은 간단하다.

1. 함수 안에서 Model[2] 인스턴스를 생성해 board 변수에 반환했다. 인스턴스의 부모는 플레이어 개체로 설정했다. 이때 플레이어 개체는 Workspace의 캐릭터 모델이 아닌, Players 안의 플레이어 개체다.

2. board 변숫값의 Name 속성을 leaderstats라고 지었다. 이름이 정확히 leaderstats가 아니면 인터페이스에 등장하지 않으므로, 이름이 정확하도록 주의한다.

3. leaderstats 모델이 준비되었으면, 이 안에 Value 개체를 넣는다. money 변수를 선언한다. Intvalue를 board 안에 생성해서 변수에 반환한다. 지금 변수명은 money지만, 그게 개체 이름은 아니므로 money.Name 속성을 따로 Money로 설정해준다. Value 속성은 0으로 설정한다.[3] 마지막으로 game.Players.PlayerAdded 이벤트와 함수를 연결해, 플레이어가 추가될 때마다 해당 플레이어 전용 리더보드가 생성된다.

이걸 테스트해보기 위해선 스크립트를 실행하고 Value값들을 바꾸어보아야 한다. 게임에 파트를 추가해 스크립트를 넣고, 스크립트에서 Money를 주는 것이다. 구 파트를 생성해 재질을 neon으로, 색은 노란색으로, 탐색기에서 파트 이름은 MoneyGlob라고 설정했다. 파트 안에 스크립트를 넣어서 파트에 닿으면 Money를 5 주고, 파트는 사라지게 만들어보자.

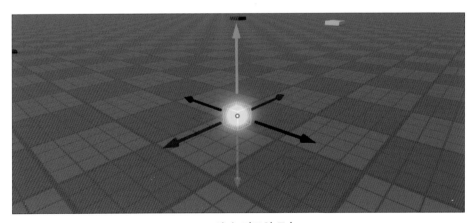

MoneyGlob 파트의 모습

2　（옮긴이）저자는 Model을 생성했는데, Folder나 IntValue도 널리 쓰인다. 사실상 폴더 역할로만 쓰이므로 어떤 클래스를 생성하든 상관없다.

3　（옮긴이）이게 기본값이다. 플레이어에게 초기 자금을 500 주고 싶다면 500으로 설정하면 된다.

스크립트를 추가했으면 MoneyGiver라고 이름을 짓고, 다음 코드를 입력한다.

```lua
local me = script.Parent
local function GiveMoney(part)
    local hum = part.Parent:FindFirstChild("Humanoid")
    local plName = part.Parent.Name
    if hum then
        local player = game.Players:FindFirstChild(plName)
        local money = player.leaderstats["Money"]
        money.Value = money.Value + 5
        me:Destroy()
    end
end

me.Touched:Connect(GiveMoney)
```

지금까지 써왔던 다른 스크립트들과 별반 차이가 없다.

빠르게 짚고 넘어가자.

1. me 변수를 선언하고 script.Parent, 즉 MoneyGlob 파트를 넣었다.

2. 매개변수 part가 있는 GiveMoney 함수를 만들었다.

3. 매개변수로 받은 파트가 캐릭터의 일부인지 확인한다. plName 변수에 파트 부모의 이름을 저장한다. 캐릭터가 맞다면 game.Players 안에 plName 변숫값의 이름이 있는지 찾는다. 찾은 값은 player 변수에 반환한다.[4]

4. 플레이어의 leaderstats의 money 개체를 찾아 money 변수에 저장했다. 그 뒤 Value값을 5 올려준다.

5. :Destroy() 함수로 파트를 삭제한다. 파트에 누가 닿는 즉시 삭제되므로 디바운싱은 필요 없다.

6. 마지막으로 Touched 이벤트와 함수를 연결한다.

---

4 **옮긴이** 이런 식으로 쓸 경우 npc가 밟으면 스크립트가 플레이어 개체를 찾지 못해 에러가 난다. player도 조건문 밖에서 찾고, if hum and player then이라고 쓰는 편이 좋다. 애초에 이 방법보다는 local player = game.Players:GetPlayerFromCharacter(part.Parent)가 더 널리 쓰인다. 캐릭터 모델을 받아 플레이어 개체를 반환해주는 함수다. 캐릭터에 해당되는 플레이어가 존재하지 않으면 nil이 반환된다.

테스트를 실행해서 캐릭터가 파트에 닿게 해보자. 정상적으로 작동했다면 money값이 5 증가했을 것이다. 문제는 이 파트가 일회용이라는 점이다.

그래서 다음 단계로 나아가보자. 탐색기에서 MoneyGlob 파트를 ServerStorage로 옮겨 보관한다.

그 다음 ServerScriptService에 스크립트를 추가하고, MoneyGlobDropper라고 이름을 지어준다. 이 스크립트가 MoneyGlob 파트들을 맵에 생성해주고, Debris 서비스로 일정 시간 뒤에 사라지도록 만들어줄 것이다.

코드는 다음과 같다.

```
local moneyglob = game:GetService("ServerStorage").MoneyGlob
local Debris = game:GetService("Debris")

while(1) do
    task.wait()
    local newMoneyGlob = moneyglob:clone()
    local randX = math.random(-1000,1000)
    local randZ = math.random(-1000,1000)
    newMoneyGlob.Position = Vector3.new(randX,100,randZ)
    newMoneyGlob.Parent = workspace
    Debris:AddItem(newMoneyGlob,20)
end
```

몇 가지 새로운 요소들이 쓰였다. 하나씩 알아보자.

1. ServerStorage의 MoneyGlob 개체를 찾아 변수에 저장했다. 이 개체를 복제해 사용할 예정이다.

2. Debris라는 서비스를 불러 Debris 변수에 반환했다. Debris는 하늘로 쏜 총알, 누가 운전하다가 버리고 간 자동차, 폭발로 부숴진 건물 파편 등 계속 남겨둘 경우 맵에 쌓이는 것들을 정리할 때 쓰기 유용한 서비스다. Debris 서비스에 삭제할 개체들을 추가add하고, 몇 초 후에 삭제할지 설정할 수 있다.

3. 스크립트의 주가 되는 부분에는 while 반복문으로 무한 루프를 만들었다. task.wait() 함수로 약간의 시간 딜레이를 주었는데, 괄호에 숫자를 입력해 딜레이를 늘려도 된다. 이제 반복마다 MoneyGlob 개체를 복제clone해서 newMoneyGlob 변수에 반환한다.

4. `math.random` 함수는 최솟값과 최대값이 되는 두 수를 인자로 받아 해당 범위 내의 무작위 정수를 반환한다. 예시에서는 –1000과 1000 사이 숫자를 넣었고, MoneyGlob 파트를 배치할 무작위 위치의 X좌표와 Z좌표값을 `randX`와 `randZ` 변수에 반환했다. 파트가 하늘에서 떨어지는 모습을 연출하려고 Y좌표는 100으로 설정했다.

5. 다음으로 `newMoneyGlob`의 Parent를 Workspace로 설정해 게임 맵에 나타나도록 했다.

6. 마지막으로, 생성한 `newMoneyGlob` 개체를 Debris 서비스에 추가한다. 두 번째 인자로 20을 넣어 20초 후에 삭제되도록 한다. 20초 동안 아무도 건들지 않는다면, 그대로 사라질 것이다.

게임을 실행해보면, 흥미로운 광경이 펼쳐진다.

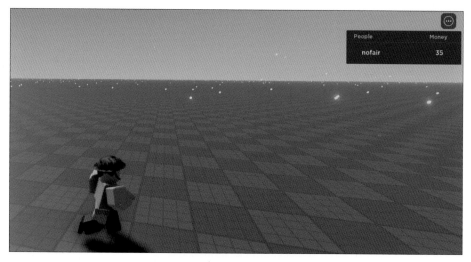

사방으로 움직여 떨어진 동전을 줍자

사방으로 달리면서 땅에 떨어진 파트를 모을 수 있다. 스크립트는 끊임없이 반복해서 파트를 떨어트려주고, 가져가지 못한 파트도 알아서 정리해준다. 리더보드의 Money 항목에서 돈을 얼마나 모았는지 확인하고, 멋있는 로켓런처rocket launcher나 신상 옷이나 새 도끼를 상점에서 구매할 수 있을지 보는 것이다. 그런데 플레이어가 게임을 중간에 나간다면 어떻게 될까? 지금까지 모았던 돈은 사라지고, 새로운 로켓런처도 구매하지 못하게 된다. DataStoreService로 돈이 사라지지 않게 해보자.

DataStoreService 기초

먼저 DataStoreService가 무엇인지 소개하려 한다. DataStoreService는 로블록스 서버 데이터베이스에 정보를 저장해준다. 저장하는 데이터 종류는 지금까지 다뤘던 숫자, 문자열, 개체, 테이블 자료형까지 모두 가능하다. DataStoreService를 이용해 플레이어의 인벤토리, 상점, 진행 정도 등 무엇이든 저장할 수 있다. 대표적인 예시로 플레이어의 기지, 돈, 그리고 아이템을 저장해 불러오는 럼버타이쿤2가 있다.

다음은 DataStoreService를 사용하는 가장 단순한 예시이다.

```
local DS = game:GetService("DataStoreService")
local Store = DS:GetDataStore("FirstStore")
local FirstKey = Store:GetAsync("FirstKey")

if FirstKey then
    print("발견: " .. FirstKey)
    print("테스트 재시도를 위해 key값 제거.")
    Store:SetAsync("FirstKey", false)
else
    print("key값 발견 안됨. 새 key 생성.")
    Store:SetAsync("FirstKey", "예시 데이터")
end
```

스크립트 내용을 해설하기 전에, 먼저 테스트를 실행해보라. 처음 실행했을 때는 각 플레이어의 세이브파일 역할을 하는 key가 존재하지 않는다. 따라서 스크립트가 새 key를 생성한다. 다음에 다시 테스트를 실행하면 스크립트가 key를 발견해서 출력해준다.

엄밀히 말하면 DataStore에서 데이터를 아예 삭제하는 방법은 없다. 그래서 데이터를 지우고 싶을 땐 간단히 DataStore 값을 false로 설정한다.[5] 그럼 데이터를 불러오더라도 반환되는 값은 데이터가 없을 때와 똑같이 인식된다. 이렇게 작성하면 처음부터 다시 테스트해볼 수 있게 된다. 그러면 한 줄씩 스크립트를 이해해보자.

```
local DS = game:GetService("DataStoreService")
```

5　**옮긴이** false보다는 nil이 메모리를 적게 차지하므로, 완전히 삭제하려면 nil을 추천한다.

DS 변수를 선언해 DataStoreService를 바로 참조할 수 있게 했다.

```
local Store = DS:GetDataStore("FirstStore")
```

이 줄에서는 FirstStore를 불러와 Store라는 변수에 저장했는데, FirstStore 말고도 Gold나 XP 등 다른 이름으로 자유롭게 지을 수 있다. 특정 카테고리의 데이터를 모은 테이블이다. Gold에는 모든 플레이어의 골드 데이터를 저장하는 식이다.

```
local FirstKey = Store:GetAsync("FirstKey")
```

"FirstKey"가 불러올 데이터의 키key, 즉 인덱스다. DataStore에서 특정 데이터를 불러오기 위해 입력하는 값이다. 대개 "player_"..player.UserId처럼 플레이어 아이디 등을 키로 사용한다. 각 플레이어가 자기만의 고유 키를 갖게 하는 것이다.

```
if FirstKey then
    print("Found: " .. FirstKey)
    print("Removing key so we can demo again.")
    Store:SetAsync("FirstKey", false)
```

if문은 FirstKey 변숫값이 존재하면, 변숫값을 출력하고 다시 값을 false로 설정하도록 짰다. false로 설정해서 맨 처음 시도했을 때처럼 테스트를 재연할 수 있게 하는 것이다. DataStore의 값을 설정할 땐 SetAsync 함수를 사용한다. 인자로는 키값과 수정할 값, 2가지를 전달한다.

```
else
    print("key값 발견 안됨. 새 key 생성.")
    Store:SetAsync("FirstKey", "예시 데이터")
end
```

else 이하, 만약 FirstKey값이 존재하지 않으면 새로 키에 값을 넣어 생성한다. 이렇게 데이터를 저장하고 불러오는 원리를 단순하게 알아보았다.

DataStoreService 심화

이번 섹션에서는 로블록스가 직접 내놓은 예시를 사용할 예정이다. 전체 예시는 다음 링크 https://developer.roblox.com/en-us/onboarding/intro-to-saving-data/1에서 찾아볼 수 있다.

코드로 들어가기 전에 코드가 무엇을 하는지 설명해보자. 일단 모듈스크립트ModuleScript를 생성한다. 모듈스크립트는 다른 스크립트에서 참조해 사용하는 스크립트로, 여기 쓴 함수를 다른 스크립트에서 호출할 수 있다. 모듈스크립트를 이용해 모든 스크립트에서 데이터가 일률적으로 처리되도록 하는 것이다.

모듈 안에는 Session이라는 테이블 값을 선언했다. 이 테이블 안에는 각 플레이어의 ID와 세이브파일 정보를 저장한다. 모듈 안에는 데이터를 다룰 때 사용할 함수들과, 자동 저장 함수, 그리고 불러오기와 저장 함수가 들어있다. 한 곳에 모아두었기에 다른 스크립트에서 간편히 참조해 사용이 가능하다.

코드의 각 부분이 어떻게 작동되는지 하나하나 해설해본다. 원본 코드에서 주석은 모두 삭제해두었다. 스크립트를 한 자씩 치면서 내용을 따라올 것을 추천한다. ServerScriptService에 ModuleScript 개체를 추가하고, 스크립트 이름은 PlayerStatManager로 한다. 그럼 시작하자.

```
local PlayerStatManager = {}
local DataStoreService = game:GetService("DataStoreService")
local playerData = DataStoreService:GetDataStore("Player Data")
local AUTOSAVE_INTERVAL = 60
local DATASTORE_RETRIES = 3
local sessionData = {}
```

스크립트의 처음 부분에선 필요한 변수들을 선언했다.

- PlayerStatManager는 모듈스크립트 자신을 나타낸다. 이 변수가 있어 다른 스크립트에서 모듈 내의 변수와 함수를 참조할 수 있다. 스크립트 맨 밑에서 반환하는 것도 PlayerStatManager이다.

- DataStoreService 변수에 이름 그대로의 서비스를 구한 것이다.

- playerData는 플레이어의 저장 파일을 보관할 곳이다. 데이터를 설정할 때마다 이 변수를 사용할 예정이다.

- AUTOSAVE_INTERVAl 변수는 자동 저장 함수를 실행할 때 사용한다. 자동 저장 간격을 몇 초로 할지 이 변수에 설정한다.

- DATASTORE_RETRIES 변수도 자동 저장 함수에 사용된다. 저장 실패시 몇 번까지 재시도할지 이 변수에 설정한다.

```
function PlayerStatManager:ChangeStat(player, statName, changeValue)
    sessionData[player][statName] = sessionData[player][statName] + changeValue
end
```

이 함수는 모듈 이름(맨 첫줄에 있는 것)으로 시작한다. 다른 스크립트에서 모듈스크립트를 호출할 때 변수에 모듈을 할당하는데, 예를 들어 local variable = require(game.ServerScriptService. PlayerStatManager)라고 모듈스크립트를 불러왔다면 ChangeStat 함수를 실행할 땐 variable: ChangeStat라고 쓰고 인자를 전달한다. 인자에 특정 플레이어 관련 정보를 전달하면 모듈스크립트의 sessionData 테이블에서 해당 플레이어 정보가 전달된 내용대로 수정된다. 정리하자면, 다른 스크립트에서 참조할 수 있는 함수로 만든 것이다. 그럼 다음으로 넘어가자.

```
local function dataStoreRetry(dataStoreFunction)
    local tries = 0
    local success = true
    local data = nil
    repeat
        tries = tries + 1
        success = pcall(function() data = dataStoreFunction()
        end)
        if not success then wait(1)
        end
    until tries == DATASTORE _ RETRIES or success
    if not success then
        error("Could not access DataStore! Data might not save!")
    end
    return success, data
end
```

조금 복잡해 보이지만 막상 뜯어보면 그렇지도 않다. 몇 가지 새로운 개념이 쓰였는데, 하나씩 알아보자.

- dataStoreRetry라는 함수부터 선언했다. 매개변수 dataStoreFunction에 인자를 받는데, 여기에는 특정 값 대신 함수 자체를 전달할 것이다.

- 다음 세 줄은 간단하다. tries, success, data 변수를 선언하고 값을 설정한다.

- 다음은 repeat until 반복문이다. 이번에 처음 다루는 반복문으로 특정 조건을 만족할 때까지 코드를 반복한다. 조건 확인을 맨 마지막에 해서 조건이 처음부터 만족해도 최소 한 번은 코드를 무조건 실행한다. 미지의 반복문이라는 생각은 버리고, 지금까지 다뤘던 다른 반복문들과 비슷하게 여기면 된다.

- 반복마다 tries 변수를 1씩 올린다. pcall 함수를 실행한 결과는 success 변수에 반환받는데, pcall 함수란, Protected Call의 줄임말로 이 안에서 실행한 함수의 결과를 확인해 함수가 에러를 일으켜도 스크립트 전체가 멈추지 않게 한다. 일반적으로 에러가 나면 스크립트 전체가 멈추지만, pcall 함수에서는 스크립트 정지 없이 에러를 관리할 수 있게 해준다. pcall 함수의 인자로 실행할 함수를 전달하고, pcall은 함수의 실행 결과를 2개의 값으로 반환해준다. 하나는 실행 결과, 코드가 처음부터 끝까지 실행되었는가를 true 또는 false로 반환한다. 두 번째는 문자열 메시지를 반환한다. 함수의 코드가 정상적으로 실행되었다면 이 값은 무시해도 되지만, 만약 실행에 실패했다면 메시지가 어째서 실패했는지를 알려준다. 예시에선 실패했을 경우 1초 기다린 후에 재시도하도록 작성되었다.

- 반복 끝에서는 실행이 성공적이었든 3번의 시도가 모두 실패했든 결과를 다음으로 전달하고, 실패시엔 error 함수를 써서 크고 빨간 에러 메시지를 개발자가 보도록 출력한다. 마지막엔 success와 data 2개의 값을 반환하는데, success가 정확히는 성공 '여부'를 나타낸다는 점을 기억하자. dataStoreRetry 함수를 먼저 선언한 이유는 밑의 다른 함수들에서 사용해야 하기 때문이다. 이제부터는 난이도가 조금 낮아지는데, 어떤 역할의 함수인지 표시하도록 주석을 남겨두었다.

```
-- DataStore에서 플레이어의 데이터를 찾아주는 함수
local function getPlayerData(player)
    return dataStoreRetry(function()
        return playerData:GetAsync(player.UserId)
```

```
    end)
end
```

이 함수에서는 dataStoreRetry 함수를 호출하고 익명 함수를 만들어 전달한다. player 매개변수에 플레이어 개체가 들어오고, 플레이어의 UserId 속성으로 GetAsync를 호출하는 것이 함수의 주 내용이다. (아직 sessionData도 등장하지 않았다. 후에 setupPlayerData 함수에서 getPlayerData를 호출해 반환받은 값을 sessionData에 넣을 예정이다.)

```
-- DataStore에 플레이어 데이터를 저장하는 함수
local function savePlayerData(player)
    if sessionData[player] then
        return dataStoreRetry(function()
            return playerData:SetAsync(player.UserId,sessionData[player])
        end)
    end
end
```

savePlayerData 함수는 getPlayerData와 거의 판박이다. GetAsync 부분이 SetAsync 부분으로 바뀐 점만 다른데, 이 경우에는 UserId에 추가로 플레이어의 sessionData 정보가 같이 전달된다. 이때 전달되는 정보는 테이블 형식으로, sessionData 테이블 안의 테이블을 player.UserId 키로 참조해 전달하는 것이다. 다음 그림에 알기 쉽게 정리해보았다.

플레이어1	Money	120
	Experience	32423
플레이어2	Money	350
	Experience	12100
플레이어3	Money	10
	Experience	700

위의 Money와 Experience의 값들은 임의로 넣은 값이지만, 위 예시를 통해 테이블 안에 테이블이 어떻게 생긴 구성인지 감을 잡을 수 있을 것이다. 누구의 데이터를 불러오든, 각자 Money와 Experience 데이터가 존재한다. 그걸 SetAsync가 설정해주는 것이다. 이때 savePlayerData

함수는 직접 사용하지 않고 다른 함수에서 호출하는데, 다음 내용이 바로 그 함수다.

```
local function setupPlayerData(player)
    local success, data = getPlayerData(player)
    if not success then
        -- DataStore에 접근 불가, 플레이어의 sessionData는 false로 설정
        sessionData[player] = false
    else
        if not data then
            --DataStore는 작동하지만, 해당 플레이어의 데이터가 없음
            sessionData[player] = {Money = 0, Experience = 0}
            savePlayerData(player)
        else
            --DataStore가 작동하고, 해당 플레이어의 데이터를 성공적으로 불러왔음
            sessionData[player] = data
        end
    end
end
```

setupPlayerData 함수에서는 아래에서 연결할 PlayerAdded 이벤트에서 받은 플레이어 인자를 받아 getPlayerData 함수로 전달한다.

위에서 보았듯이 getPlayerData 함수는 2가지 값을 반환한다. 하나는 성공 여부, 다른 하나는 요청한 데이터다. success와 data 변수에 두 값을 반환받는다. 조건문으로 success가 true인 지 확인하고, 만약 아니라면 데이터를 false로 설정해 사용되지 않게 한다. getPlayerData가 정상 작동해서 success도 true라면 다음은 데이터가 존재하는지 확인한다. 플레이어 데이터가 없다면 sessionData에 플레이어를 키로 삼아 새 항목을 지정한다. 테이블 안에 테이블을 저장 하는 것이다.

그리고 플레이어의 데이터가 처음 생성된 것이므로 savePlayerData 함수를 호출해서 DataStore 의 플레이어 정보가 저장되도록 한다. 반대로 플레이어 데이터가 존재하면 간단히 sessionData 테이블에 추가하는 것이다.

자동 저장으로 넘어가자.

```
-- 백그라운드에서 실행되며 일정 시간마다 플레이어 데이터를 저장할 함수
local function autosave()
    while wait(AUTOSAVE_INTERVAL) do
        for player, data in pairs(sessionData) do
            savePlayerData(player)
        end
    end
end
```

자동 저장 함수는 간단하다. 아무 인자도 받지 않는 함수를 만들어 while 반복문을 만든다. 조건 자리에는 wait()에 AUTOSAVE _ INTERVAL 변수를 두어 반복마다 변숫값만큼 기다리도록 한다. 만약 변숫값이 0이라면 함수는 작동하지 않고 자동 저장도 되지 않는다.[6] 다음은 for in 반복문으로 sessionData의 플레이어들을 순회해서 데이터를 저장하도록 savePlayerData 함수로 전달한다.

```
--setupPlayerData 함수와 PlayerAdded 이벤트를 연결해 플레이어 접속시 호출되도록 한다.
game.Players.PlayerAdded:connect(setupPlayerData)
```

플레이어가 게임에 접속하면 setupPlayerData가 호출되도록 한다. PlayerAdded 이벤트에서 플레이어 인자가 전달된다.

6 　**옮긴이** 저자는 함수가 작동하지 않는다고 했는데, while wait() do가 작동하듯이 while wait(0) do도 문제없이 작동한다. 다만 서버가 시간당 처리할 수 있는 데이터 저장 요청 개수에는 한계가 있으므로 1분 이상으로 해두는 것이 좋다. 만약 0으로 설정했을 때 정말 작동이 되지 않길 원한다면 local function autosave() 바로 다음 줄에 if AUTOSAVE_INTERVAL == 0 then return end라고 쓰면 된다.

--PlayerRemoving에 savePlayerData를 호출해 종료하는 플레이어의 데이터를 저장한다.
--플레이어가 게임에 더 이상 없으므로 sessionData에서도 항목을 제거한다.
```
game.Players.PlayerRemoving:connect(function(player)
    savePlayerData(player)
    sessionData[player] = nil
end)
```

PlayerRemoving과 연결된 함수는 그렇게 복잡하지는 않다. 어떤 이유로든 플레이어가 게임을 떠나면, 게임을 떠나는 플레이어의 데이터를 저장한다. 데이터가 플레이어에게 귀속되어있지 않고 sessionData 테이블에 저장되어있으므로, 플레이어가 있든 없든 상관없이 데이터를 저장할 수 있다. 함수에서 플레이어 인자를 받아 savePlayerData 함수에 전달하고, sessionData의 플레이어 항목은 nil로 설정해 제거한다.

```
-- 백그라운드에서 자동 저장 함수가 실행되게 한다.
spawn(autosave)
```

자동 저장에 필요한 코드는 이 한 줄이 끝이다. spawn 함수는 함수가 실행될 새 스레드를 생성해준다. 스레드에 관해서는 이야기하지 않았는데, 간단히 말해 자동 저장의 while wait() do 가 모듈스크립트나 모듈을 호출하는 스크립트의 리소스를 소모하거나 wait로 인해 스크립트의 다른 부분까지 같이 멈추게 하고 싶지 않으므로 별개의 영역으로 분리하는 것이다. 이것이 spawn 함수를 사용하는 이유다.

```
-- PlayerStatManager, 즉 모듈스크립트를 반환해 다른 스크립트에서 접근할 수 있게 한다.
return PlayerStatManager
```

모든 모듈스크립트에서 마지막으로 할 일은 모듈을 호출한 스크립트로 위 모듈을 반환하는 것이다.

이대로 게임을 실행해도 상관은 없으나, 모듈스크립트를 호출하는 스크립트가 없으므로 작동하지 않을 것이다. 이전에 만들었던 리더보드를 이 모듈스크립트에 써보려 하는데, 리더보드 스크립트에서 직접 하진 않고, 같이 만들었던 코인 파트에서 모듈을 호출하게 해보자.

큰 그림 그리기

이번 장은 상당히 길지만, 여기서 배우는 것들은 앞으로 게임을 만들 때 꾸준히 도움이 될 것이다. 리더보드가 준비되었고, 밟으면 Money값을 늘려주는 파트도 만들었으며, 값을 저장하고 불러오는 모듈도 작성했다. 이제 3가지를 같이 이어주기만 하면 된다.

먼저 PlayerStatManager 모듈을 탐색기 창에서 열어준다. 스크립트 편집창 최상단에 update board라는 새 함수를 추가한다. ChangeStat 함수에서 이 함수를 호출해야 하기에 맨 위에다 선언했다.

```
--리더보드를 업데이트해주는 함수
local function updateboard(player)
    for i,e in pairs(sessionData[player]) do
        player.leaderstats[i].Value = e
    end
end
```

이 함수에서는 sessionData의 플레이어들을 순회해서 각 항목의 값을 리더보드에 갱신한다. 반복문을 처음 소개하며 다뤘던 사과와 오렌지 예시처럼, 만약 리더보드 이름 중에 이름이 다르거나 존재하지 않는 항목이 있으면 스크립트에 에러가 난다.

리더보드 수정은 잠시 미뤄두고, 지금은 모듈에 몇 가지를 더 적어야 한다. ChangeStat 함수를 찾아 updateboard(player)라고 end 바로 윗줄에 적는다. 이렇게 하면 다음과 같다.

```
function PlayerStatManager:ChangeStat(player, statName, changeValue)
    sessionData[player][statName] = sessionData[player][statName] + changeValue
    updateboard(player)
end
```

이제 ChangeStat가 호출될 때마다 자동으로 리더보드를 갱신한다. 아직 한 군데 더 추가해야 한다. setupPlayerData 함수로 가서 맨 아래 2개의 end 사이에 updateboard(player)라고 추가한다. 다음과 같은 모습이다.

```
    end
    updateboard(player)
end
```

모듈스크립트 수정은 이걸로 끝이다. 다음은 리더보드, LeaderBoardScript다. 탐색기 창에서 ServerScriptService에 있을 것이다. 스크립트를 열어보면 각 리더보드의 항목이 Gold와 XP로 되어있는데, 이들을 Money와 Experience로 수정해야 한다. 참고로 항목 이름만 통일되면 되므로 모듈스크립트 쪽에서 이름을 리더보드에 맞춰 수정해도 된다. 또한, 만약 리더보드에 나타나길 원치 않는 항목이 있다면 updateboard 함수에서 예외처리를 해서 그 항목은 건너뛰도록 하면 된다.

다음은 수정한 리더보드 스크립트의 모습이다.

```
local function AddBoard2Player(player)
    local board = Instance.new("Model",player)
    board.Name = "leaderstats"
    local money = Instance.new("IntValue",board)
    money.Name = "Money"
    money.Value = 0
    local xp = Instance.new("IntValue",board) xp.Name = "Experience"
    xp.Value = 0
end
game.Players.PlayerAdded:Connect(AddBoard2Player)
```

이름만 수정했고, 나머지는 기존과 동일하다.

마지막은 ServerStorage의 MoneyGlob이다. 현재는 MoneyGlob가 리더보드 값을 직접 수정하는데, 대신 모듈스크립트의 sessionData를 수정하도록 만들 것이다. 지금은 리더보드의 항목도 이름을 수정했으므로 테스트를 실행하면 파트에 닿아도 에러만 발생한다. MoneyGiverScript를 열어 다음처럼 수정하자.

```
local PlayerStatManager = require(game.ServerScriptService.PlayerStatManager)

local me = script.Parent

local function GiveMoney(part)
    local hum = part.Parent:FindFirstChild("Humanoid")
    local plName = part.Parent.Name
    if hum then
        local player = game.Players:FindFirstChild(plName)
```

```
        PlayerStatManager:ChangeStat(player,"Money",5)
        me:Destroy()
    end
end

me.Touched:Connect(GiveMoney)
```

위 스크립트에선 PlayerStatManager라는 변수를 새로 추가해서 모듈스크립트를 불러왔다. 그러면 모듈스크립트의 ChangeStat 함수를 이 스크립트 안에서도 사용해서 모듈스크립트의 테이블을 직접 수정할 수 있게 된다. 스크립트 수정이 끝났으면 테스트를 실행해서 돈을 모아보자. 만약 "attempt to index field '?' (a nil value),"라는 에러가 발생한다면 파일로 가서 로블록스에 게임을 게시해, 로블록스 웹사이트에서 직접 플레이한다.

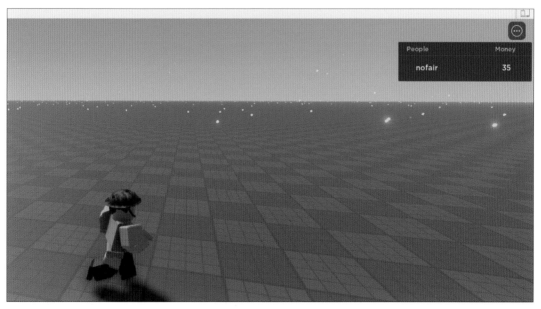

오른쪽 위에 보이는 리더보드

마무리

이번 장에서 배운 내용의 양은 어마어마하지만, 그만한 가치는 있다. 앞으로 제작할 게임 대부분은 어떤 식으로든 저장과 불러오기가 필요할 것이다. DataStoreService는 다음과 같은 방식으로도 쓸 수 있다.

- DataStore를 일정한 순서가 있는 테이블로 불러와서 각 항목을 모두 순회하기

- 한 게임 내에서 하나의 DataStore로 복수의 플레이스를 관리하기

데이터 저장 말고도, 이번 장을 통해 스크립트가 처음부터 어떻게 작성되고 내용이 쌓여가는지 과정을 체험해보았다. 스크립트를 쓰다가도, 다시 앞으로 돌아가 처음 쓴 내용을 수정할 수도 있다. 개인적으로 스크립트는 완성품이 아니라고 생각한다. 시간이 지나면서 게임의 필요에 따라 꾸준히 변화하는 살아있는 문서다.

PART

3

전문 과정

CHAPTER
8

게임 기획

건축을 하든, 스크립트를 쓰든, 게임을 만들 땐 계획이 필요하다. 로블록스에는 이미 플레이어가 무엇을 해야 하는지 제대로 된 계획도 없이 게시된 게임이 수두룩하다. 일정한 게임 테마도 없고 느껴지는 분위기도 없다. 재미도 흥미도 주지 않는 형편없는 게임들로, 절대 인기 게임 반열에 들 수 없다. 한때 그런 게임들을 만들었던 사람으로서 이런 부끄러운 실수를 하지 않기 위한 몇 가지 도움말을 제시해주려 한다. 이번 장은 어떤 게임을 만들지, 게임 스토리보드, 게임 제작 과정의 업무 흐름, 그리고 구상한 게임을 실현하기 위해 필요한 요소들은 무엇인지 파악하도록 도와주는 내용만으로 구성되어 있다. 스크립트는 여기서 잠시 쉬어가고, 건축과 스크립트는 나중으로 미뤘다.

게임 장르 정하기

어떤 게임을 만들지 아이디어가 이미 있다면, 공책에다 메모해두자. 새 아이디어가 떠오를 때마다 끊임없이 메모해 모든 아이디어를 빠짐없이 정리한다. 나중에 세부적인 게임을 만들 때 많은 도움이 될 것이다. 다음에 로블록스의 게임 장르 몇 가지를 정리해보았다.

- **오비**Obby[1]: 로블록스에서 가장 흔히 보이는 장르의 게임이다. 'OO을 탈출하세요!' 같은 제목들이 유명하다. 오비는 제작에 드는 시간이 적지만, 그만큼 반복성 요소도 적다. 처음 할 땐 즐겁지만 금방 지루해지기 쉽다. Mega Fun Obby처럼 1000개 이상의 단계를 대규모로 만들 것이 아니라면 소규모로만 작게 제작하자.

- **타이쿤**Tycoon: 다음으로 흔한 장르는 타이쿤이다. 일반적으로 빈 땅에서 시작해서, 드로퍼 dropper 기계를 구매하면, 드로퍼에서 파트를 생산해 떨어트리는데, 그걸로 돈을 벌어 기계를 더 들이거나 업그레이드하는 식으로 진행된다. 럼버타이쿤2나 놀이 공원 타이쿤 2 Theme Park Tycoon 2 등, 드로퍼 없이 전혀 다른 형태로 돈을 벌고 투자하는 타이쿤도 물론 존재한다. 개인적으로는 드로퍼가 없는 독특한 형식의 타이쿤을 선호한다.

- **시뮬레이터**Simulator: 시뮬레이터는 대개 눈 치우기, 보물 찾기, 수확하기 등 특정 직업을 테마로 진행된다. 제한된 능력으로 아이템을 모으고, 아이템을 팔아 돈을 벌고, 돈으로 더 좋은 장비를 구매하고, 더 많은 아이템을 더 빠르게 모으는 것이다. Bird Simulator가 그렇게 보이진 않아도 같은 개념의 게임이다.

- **PvP**: 플레이어 vs. 플레이어 게임은 다양한 형태와 규모로 보여진다. 개인적으로 최고의 PvP 게임은 팬텀포스이다. PvP 게임은 팀전 혹은 개인전으로 이루어져 상대팀 혹은 다른 플레이어 모두와 싸워 이기는 게임이다. 상대를 쓰려트려 받는 보상으로는 더 좋은 장비를 구매한다.

- **Role-Play**: role-play는 역할 연기 게임으로서 입양하세요!, MeepCity, Royale High 등이 있다. 게임 규칙은 엄격하지 않고, 아바타가 실제 본인인 것처럼 연기하며 다른 사람들과 소통하는 게임이다. 물론 여기도 과제를 수행해서 돈을 벌고 집과 장비를 사는 요소가 있지만, 게임의 주 목적은 역할 연기와 소통이다.

---

1 **옮긴이** 대한민국에서는 **점프맵**, **타워** 등으로 잘 알려져 있으며, 특히 타워 게임들은 국내에서 상당한 인기를 자랑하고 한국인 개발자도 많다.

- **RPG**: RPG는 롤플레잉 게임role-playing game의 두문자어인데, 단순한 역할 연기 게임과는 엄연히 다르다. RPG는 보통 적들과 전투하는 게임으로, NPC 혹은 다른 플레이어들과 싸울 수 있다. 드래곤이 날아다니는 판타지, 레이저 총이 있는 미래, 현대 등 배경이 다양하며, 경험치를 얻어 레벨업을 하고, 퀘스트나 과제를 수행하는 게임이 RPG로 분류된다.

로블록스에 자주 보이는 장르 몇 가지를 뽑아 소개해보았는데, 물론 모든 게임이 위 장르 중 하나에 해당되지는 않는다. 장르는 오로지 개인 취향이며, 어떤 장르가 무조건 더 재미있으리라는 보장은 없다. 자신이 제작하려는 게임은 어떤 장르에 해당될지 생각해보자.

게임 테마 정하기

자신이 만들고자 하는 게임의 테마도 생각해보자. 게임을 관통하는 테마를 정하고, 게임이 전체적으로 테마에 알맞도록 꾸민다. 예를 들어 검사와 마법사가 있는 게임에 스케이트보드나 권총은 어울리지 않고, 미국의 서부 시대 테마에 마법 지팡이나 마녀 지팡이는 어색하다. 일정 테마를 유지할 때 플레이어들이 더 쉽게 게임 세계에 더 몰입하고 실제 그곳에 있는 것처럼 느낀다. 이걸 몰입Immersion이라고 하는데, 몰입이 쉬울수록 플레이어가 게임에 다시 돌아올 확률도 늘어난다.

스토리라인 정하기

공책을 다시 꺼내 자신의 게임 세계의 구성을 써보자. 플레이어는 게임 세계에서 어떤 존재인가? 스토리의 영웅? 어떤 정예 팀의 일원? 어떤 클론? 플레이어의 역할이 무엇인지, 플레이어가 플레이하는 인물은 누구인지, 어떤 시련과 고난에 맞서게 되는지 적어둔다. 게임 종류에 따라 스토리라인도 달라서, 게임에 따라 대립 관계가 아예 없기도 하다. 자신의 게임이 그중 하나라면 그것도 적어놓는다. 플레이어들이 무엇을 해야 할지 확실히 알아두자. 마치 소설 플롯을 구상하듯이 게임의 스토리를 구상하는 것이다.

인물 구상

다음은 게임에 등장할 인물들, NPC다. 이름은 무엇인지, 직업이나 하는 일은 무엇인지, 겪은 과거는 어떤지, 성격은 어떤지 메모한다. 플레이어와 NPC가 어떤 인물이고, 어떻게 행동하는 지 손수 빚는 것이다. NPC의 생애나 배경을 아주 세부적으로 구상할 필요는 없지만, 특정 상황에서 어떤 행동을 취할지 파악할 수 있을 정도는 해두어야 한다.

게임 스토리처럼 게임에 따라 인물 구상이 필요 없기도 하다. 오목이나 틱택토 게임을 제작한 다면 인물 구상은 확실히 필요 없을 것이다.

스토리보드

등장인물, 테마, 스토리라인이 모두 정해졌으면, 최종적으로 스토리보드를 만들 수 있다. 스토리보드는 플레이어들이 어디서 시작해서 각 장면마다 어디로 향하는지 다이어그램으로 정리한 설계도이다. 게임에 엔딩이 있다면 모든 장면이 엔딩으로 이어지도록 짜야 한다. 순서도Flow Chart로 그린 스토리보드를 생각해보자. 다음 예시는 순서도 형식으로 대강 그려본 잡화점의 스토리보드다.

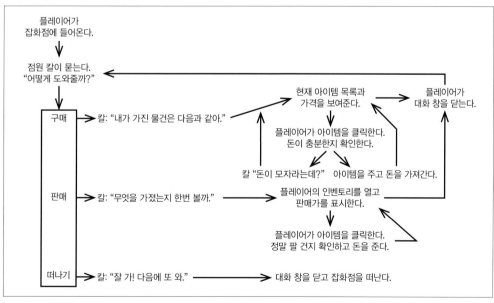

이 간단한 예시에서 캐릭터가 무엇을 하는지, NPC가 어떻게 반응하는지 등
모든 상황을 정리해 이후 코딩해 넣을 수 있도록 했다.

스토리보드가 너무 커졌다면 지나치게 많은 정보를 담지 않았는지 고려해보자. 세부 디테일을 모두 담기보다는 큰 그림을 그리는 데에 집중하는 것이다.

현실처럼 디자인하기

게임 컨셉이 모두 정해졌다면 게임 내 요소들의 모습이 어떨지 고려해야 한다. 레벨 디자인부터 시작하는데, 탁 트인 공간이나 던전이나 평평한 보드판 위나 무엇이든지 그걸로 정해졌으면 플레이어들이 상호작용하는 것들이 우선되어야 한다.

블렌더 3D

한 번쯤은 www.blender.org에 방문해 블렌더3D를 다운받아보는 것을 추천한다. 블렌더는 오픈소스 3D 모델링 스튜디오로 무료로 이용할 수 있다. 필자도 커스텀 메시 파트를 모델링하거나 유튜브 동영상을 편집할 때 블렌더 3D를 사용한다. 현실적인 이미지를 만들기에 좋다. 완전 무료다. 영화 전체가 블렌더로만 만들어진 것도 있다. 방금 무료라고 언급했던가? 블렌더는 물론 복잡하고 난이도가 있지만, 다룰 줄만 알면 정말 유용한 도구다. 필자도 2000년에 블렌더를 알게 된 후 꾸준히 사용하고 있는데, 이 책의 주제는 로블록스지 블렌더가 아니므로 블렌더를 여기서 다루지는 않겠지만, 블렌더 사이트를 꼭 방문해서 튜토리얼 몇 가지를 훑어보길 바란다.

스튜디오 사용시 몇 가지 팁

다음은 스튜디오에서 게임을 제작할 때 명심해두면 좋은 정보들이다.

자주 저장하기

작업한 내용을 자주 저장하라. 로블록스 스튜디오 자체에도 자동 저장 기능은 있지만, 때로 스튜디오 자체가 크래시하는 경우가 있다. 지금까지 만들던 걸 한순간에 모조리 날려먹는 일을 겪고 싶지 않다면 꼭 수동으로 매번 저장하라.[2]

Folder 사용하기

여러 가지를 건축하고 만들다 보면 점점 많은 것들이 Workspace에 쌓인다. 미리부터 이들을

---

2 **옮긴이** 저자는 언급하지 않았는데 Ctrl + S 단축키를 사용하면 마지막에 저장한 위치에 알맞게 저장해준다.

정리하지 않으면 나중에 탐색기에서 무엇이 어디 있는지 파악하기가 힘들다. 다음 화면은 실제 폴더를 사용해 정리한 예시다.

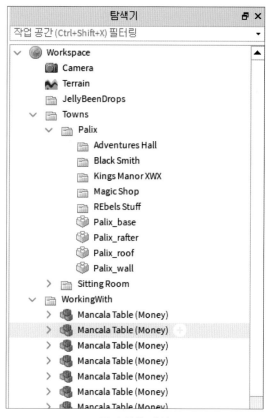

폴더 사용 예시

보면 각 건물과 건물 안의 물건들이 알맞은 폴더에 정리되어있는 걸 볼 수 있다. 예를 들어 시내의 모든 건물은 Town 폴더에 정리된 식이다. 모든 개체는 꼭 폴더에 정리해서 Workspace를 열었을 땐 폴더 목록만 보이게 하는 것이다.

통합 사용하기

상단 메뉴의 모델에 통합Union 항목이 있다. 파트 여러 개를 통합해서 하나의 파트처럼 기능하게 할 수 있다. 예를 들어 의자는 다리 4개, 등받이, 좌판까지 여러 파트로 구성되는데, 이걸 Chair라는 하나의 파트로 통합할 수 있다.[3]

---

3 **옮긴이** 저자의 말과 달리 통합은 최소한으로 쓰는 게 좋다. 게임 최적화에도 비효율적이며, 충돌 판정 정확성도 떨어져 꼭 필요한 경우가 아니라면 추천하지 않는다.

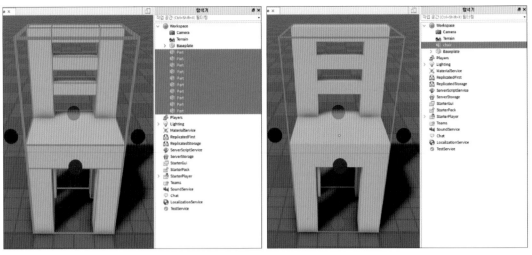

파트들을 통합해 하나의 파트로 만들자

모델 만들기

통합한 파트를 그룹해서 모델로 만든다. 예를 들어 의자가 4개 있고 중간에 식탁이 있으면 이들을 그룹해서 식사 자리Dining Set 모델로 만드는 것이다. 모델로 정리해 광범위한 공간의 파트를 손쉽게 관리하고, 파트 하나씩 일일이 선택해서 복사해서 붙여넣을 필요 없이 모델 단위로 바로 복사하면 된다. 또한, 여러 게임에 걸쳐 반복적으로 사용할 모델은 로블록스에 저장해 도구상자에서 꺼내 쓰도록 할수도 있다.

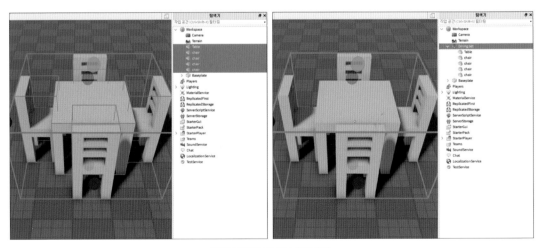

파트모델로 묶어 내보내기

코딩 시작하기

조금 오래 걸렸지만, 게임에서 무슨 일이 일어나게 할지, 어떻게 만들지 구상했고, 실제 맵도 준비했다면 그 다음에 바로 고대하던 스크립트다. 스크립트를 짜는 방식은 게임에 따라 몇 가지로 나뉜다.

1. 첫 번째는 Game Controller 스크립트로, 서버에서 돌아갈 메인 스크립트다. 이 스크립트는 라운드 시스템, 플레이어 관리, 팀 설정 등 게임 시스템의 대부분을 관리한다. 팬텀 포스로 예를 들면, Game Controller가 플레이어 접속, 맵 선택, 남은 게임 시간 등을 관리한다. 물론 Game Controller 외에 총 무기, 메뉴 항목, 플레이어 개체 안 등에도 다른 스크립트가 많다. 다른 스크립트가 게임의 세부적인 부분에 관여할 때, Game Controller는 그저 전반적인 게임 흐름을 관리하는 스크립트라고 보면 된다.

2. 어떤 게임들은 메인 스크립트가 따로 필요 없기도 하다. MeepCity를 예로 들면, 게임 자체는 오픈 월드 형태지만, 게임 안에서 Star Ball이나 Kart Racing 등의 미니게임을 플레이할 수 있다. 여기서 주목할 점은 이 미니게임들은 MeepCity의 메인 맵과는 별개의 플레이스에서 이루어진다. 제일브레이크에서도, 은행, 보석상, 박물관 등 각 강도 시설마다 별개의 스크립트가 있지, 모든 시설을 총괄하는 스크립트는 없다. 메인 스크립트와 Player Manager 스크립트의 차이는 구분해두어야 하는데, DataStorage를 다룰 때도 플레이어 정보는 다른 스크립트에서 관리되었고 메인 스크립트에서는 관리되지 않았다. 결론적으로 게임에 라운드 시스템, 로비, 팀 선택 등이 있다면 Game Controller 스크립트로 시작하는 걸 추천한다.

음악과 효과음

배경음악은 게임에서 빼놓을 수 없는 요소 중 하나다. 배경음악을 바꾸는 것만으로 게임 전체 혹은 현재 단계의 분위기가 확 달라진다. 로블록스에서 최근에 APM이라는 음악 회사에서 음악을 대거 들여와 개발자들이 사용할 수 있게 해주었다. 저작권 관련 문제에 신경쓰고 싶지 않다면 그런 음악들을 사용하는 게 좋다. 자세한 내용까진 들어가지 않겠지만 유튜브에서 흘러나오는 음악을 아무거나 가져와 마음대로 로블록스에 업로드할 수는 없다. 불법이다.

적절한 배경음악을 적절한 타이밍으로 적절한 장면에 사용하는 것만으로, 플레이어는 게임에 훨씬 깊게 몰입한다.

몇몇 장면에서는 음악 대신 적절한 효과음이 필요하기도 하다. 비가 오는 소리, 새들이 우는 소리, 캠프파이어의 모닥불이 타닥타닥하는 소리 등이다. 이런 효과음은 영어로 Sound Effects(SFX)라고 부르며, 로블록스에서도 캐릭터 안에 몇 가지 기본 효과음을 제공한다. 테스트 게임을 실행하고 플레이어 캐릭터 모델 안을 살펴보면 HumanoidRootPart 안에 플레이어 관련 효과음이 모여있다.

캐릭터 안의 효과음들

직접 효과음을 만들고자 한다면 품질 좋은 콘덴서 마이크condenser microphone 하나를 장만하는 게 좋다. 소리가 없거나 들리지 않는 조용한 공간에서 만들어도 되고, Audacity라는 프로그램도 추천한다. 무료로 다운받아 양질의 효과음을 만들 수 있다.

게임 안을 가로지르며 필요한 소리 목록을 정리하자. 문 열리는 소리, 쇠 위를 걷는 소리, 나무에 부딪히는 소리, 도끼를 휘두르는 소리. 특정 공간에서 지속적으로 들리는 소리도 있다. 사람으로 붐비는 카페에서는 떠드는 소리, 유리잔 부딪히는 소리, 계산대 여닫는 소리 등등이 울려 퍼진다.

게임 테스트하기

스크립트를 작성할 땐 테스트를 빼놓을 수 없다. 스튜디오는 물론, 로블록스에 게임을 게시한 후에 실제 게임에서도 정상 작동하는지 확인해야 한다. 스크립트가 스튜디오에서는 문제가 없는데, 실제 게임에서는 문제를 일으키는 경우를 종종 봐왔다. 두 환경이 완전히 일치하지 않기 때문에 실제 게임에서 테스트해보지 않으면 스튜디오에서 몇 번을 테스트하든 실제로는 어떻게 될지 알 수 없다. 이런 연유로 동시 접속자가 많은 인기 게임들은 테스트와 개발용 게임을 따로 만들어 사용한다.

스크립트를 테스트하지 않은 채 게임을 게시하는 건 위험하다. 특히 인기 게임에서는 문제가 생기면 치명적이다. 이걸 영어로 Testing in Production, 혹은 Deving in Production이라고 부르는데, 절대 하지 마라.

친구에게 도와달라고 하기

때론 혼자서 발견하지 못하는 문제도 있다. 그럴 때를 대비해 다른 사람에게 게임 테스트를 맡겨보는 것이다. 무엇을 기대하는지, 어떤 행동을 했을 때 무슨 일이 일어났는지, 스크립트는 문제없이 작동했는지 물어본다. 필자는 애플리케이션, 웹페이지, 유저 인터페이스, 서버 백엔드 등을 개발하는데, 프로그램이 아무리 완벽하다고 생각해도, 다른 누군가가 와서 수량에 0 대신 zero라고 적으면 숫자 대신 문자열이 입력되었다고 프로그램 전체가 멈추는 것이 현실이다. 다른 사람에게 테스트를 맡기는 건 정말 중요하다.

게임 게시하기

모든 준비가 문제없이 끝났다면, 게임을 로블록스에 게시해 다른 사람들도 플레이할 수 있게 하자. 로블록스 자체 광고 기능은 게임을 홍보하기 좋지만, 로벅스Robux를 요구한다. 로벅스가 충분히 없다면 먼저 친구들에게 시켜보아도 좋다. 같이 플레이할 사람을 초대하고, 게임이 만약 재밌다면 그 사람들이 자기 친구를 데려오며 점점 사람은 늘어날 것이다. 주변에 아는 유튜브 크리에이터가 있다면 해당 크리에이터에게 부탁해볼 수도 있다. 단, 테스트도 하지 않고 게임 내 버그도 방치된 채로 크리에이터가 플레이하게 하면, 그때 받게 될 나쁜 평판은 게임의 미래에도 악영향을 줄 것이니 주의하자. 유튜브나 트위치 등지를 돌아다니며 소규모 크리에이터를 찾아 연락한다. 게임 내 특별한 보상이나 게임 패스 등을 제공해주고 게임을 플레이해줄 수 없을지 요청하는 것이다. 크리에이터는 콘텐츠를 얻고, 본인은 게임 홍보를 받고, 윈윈이다.

업데이트와 버그 수정

안타깝게도 여기서 끝이 아니다. 게임을 게시하고 사람이 모였다면, 그 인원이 유지되도록 신경 써야 한다. 예를 들어 사람들이 너무 빠르거나 느리게 레벨업을 한다면, 밸런스를 수정해서 플레이어들이 쉽게 지루하지 않도록 하는 것이다.

또한, 업데이트를 너무 자주 하는 것도 좋지 않다. 만약 매일 업데이트를 내보낸다면 플레이어들이 업데이트 소식을 따라가기 힘들다. 업데이트 빈도는 2주에 한 번이 가장 적당하다. 지속적으로 흥미를 잃지 않게 해준다. 업데이트 내용으로는 무엇이 좋을까? 새 아이템이나 새 이벤트도 괜찮고, 게임이 아직 알파 버전이라면 알파 버전에 플레이한 사람만 얻을 수 있는 특수한 아이템을 나눠주는 것도 좋다.

마지막으로 댓글을 읽는다. 사람들이 갑자기 '데이터가 안 불러와져요.', 'XX했더니 인벤토리가 다 날아갔어요.' 등의 반응을 보이기 시작하면 최대한 빠르게 대응하고 문제를 해결하는 것이다.

마무리

이번 장에서는 게임 제작의 개념들을 짚어보았다. 매번 사람들이 '저의 게임 제작을 도와주실 수 있나요?'라고 물어보지만 대부분 게임 제작 과정조차 모르는 경우가 많다. 프로그래밍은 게임 제작 과정 전체 중 극히 일부분에 불과하다. 프로그래밍을 잘하는 것만으로 RDC 챌린지나 블록시 어워드Bloxy Award를 수상하지는 않는다. 스크립트를 쓰기 이전에 창의력과 혁신성을 갖추고, 게임 내용을 충분히 생각하고 기획해 제작하는 것이 성공의 지름길이다.

CHAPTER
9

실제 게임
만들어보기

이번 장에서는 지금까지 배운 것들을 토대로 직접 게임을 만들어보려 한다. 물론 책 두께의 한계도 있기에 아주 복잡하고 화려한 게임은 아니다. 간단한 점프맵을 만들 계획인데, 남들과는 확연히 다른 특별한 점프맵을 만들 것이다. 책이 출판되었을 즈음엔 게임이 이미 게시되었을 텐데, 어떻게 만들었는지 기획 단계부터 차근차근 시작해보자. 재미있을 것이다.

게임 기획

던전 테마의 점프맵을 만들 것이다. 플레이어는 길다란 복도를 달려 가로지르며, 함정을 피하고, 목숨을 건 도약을 하며, 끝없는 미로를 헤매야 한다. 필자는 던전 앤 드래곤 게임을 플레이하며 자라왔는데, 미로, 건틀릿, 지역 주민들과 만나고 지역 상인들과 거래할 수 있는 마을 등이 최고였다. 말 나온 김에 점프맵 처음에 마을도 추가하자. 마을에서 출발해 미로 속으로 들어가는 것이다.

또 이 게임은 여타 점프맵들과는 다른 독특한 특징을 가진다.

1. 모든 유저는 점프맵을 깰 기회가 단 한 번밖에 주어지지 않는다. 시간이 다 되거나 중간에 죽으면 자동으로 게임 밖으로 퇴장되고, 다시 하려면 게임을 다시 접속해 처음부터 시작해야 한다. 게임 플레이 방식에 큰 변화를 줘보았다.
2. 플레이어에게 주어진 시간은 단 5분이다. 평범하게 점프맵을 클리어하면 배지badge를 주지만, 점프맵을 통과하며 몇 가지 과제를 수행하면 특별한 다람쥐 배지가 활성화된다.

인물 구상

여기서 플레이어는 곧 자기 자신이다. 플레이어는 숨겨진 달걀을 찾기 위해 이곳에 찾아왔다. 게임 외부의 아이템 반입은 원치 않으므로 금지할 생각이다.

그 외의 주요 등장인물은 필자 본인의 아바타다. 플레이어가 처음 이곳에 찾아오면, 필자가 나타나서 환영해주고 게임을 어떻게 플레이하는지 대화 창을 통해 설명해준다. 이 대화 창의 목적은 2가지다.

1. 주목적은 플레이어에게 게임 규칙과 세부 사항을 설명하는 것이다.
2. 두 번째는 조금 비겁한 목적인데, 플레이어의 시간을 낭비하게 하는 것이다. 대화 창에 쏟는 시간이 길수록 점프맵을 클리어하는 데 사용할 시간은 점점 줄어든다. 타이머가 이미 시작되었다는 사실은 맨 마지막 대사로 말해주려 한다.

시작 지점에 NPC를 몇 명 더 배치해도 된다. 물론 플레이어의 주의를 돌리기 위함이며, 게임에선 별다른 역할을 하지 않는다.

스토리라인/스토리보드

다음은 어떤 일들이 일어나게 할지, 플레이어는 어떻게 행동하는지 구상한다. 점프맵이기에 본격적인 스토리라인은 없지만, 못 만들 것까진 아니다.

> 여행 중에 작은 정착지 마을에 도달했다. 비록 작은 마을이었지만 안에는 거대한 비밀이 숨겨져 있었는데, 옛적에 드워프들이 건설한 터널이 마을 아래에 잠들어 있는 것이다. 터널 대부분은 세월에 못 이겨 무너져내린 상태였으며 드워프들이 남긴 보물은 이미 도굴되었거나 땅 밑에 매몰되어버렸다. 단, 딱 하나, 저주받아 사악한 기운의 보물 하나만은 어느 드워프 한 명에 의해 터널 안에 숨겨져 누군가 찾기만을 기다리고 있다.
>
> 그 드워프는 어떤 마법사에게 찾아가 자신이 드워프 우두머리 자리를 차지하게 해달라고 부탁했다. 피를 흘리게 하고 싶진 않았고, 그저 원래 우두머리만 밀어내고 자신이 그 자리에 앉고 싶어했다. 마법사는 그의 부탁을 들어주었고, Orb of Praventionis[1]라는 이름의 오브를 드워프에게 건넸다. 드워프는 터널 중앙으로 오브를 가져가 오브를 활성화했다. 그 순간, 터널 안의 모든 사람이 터널 밖으로 튕겨나갔다. 다시 터널로 들어가보려 했지만, 입구는 단단히 봉인되어 있었다. 아무도 예상하지 못한 결과였다. 오브의 힘은 터널 밖까지 영향을 미쳤고, 그 영향은 주변 마을까지 다다라, 어느 여행자도 마을 내에서 길게 머무르지 못하게 되었다. 정해진 시간이 다하면, 여행자는 모두 자신이 출발했던 곳으로 되돌려보내진다. 이는 지금 글을 읽고 있는 여행자 당신도 예외는 아니다. 마을에 도착한 순간 이미 시간은 시작되었다. 시간이 다하기 전에 오브를 찾아내고, 오브를 멈춰 마을을 구하라. 마을 사람들이 다시 터널에 드나들고, 다른 마을 사람들이 방문해오며 마을이 재건되는 그날을 위해.

생각보다 스토리가 잘 뽑혔다. 첫 줄을 쓰기 시작했을 뿐인데 순식간에 완성이 되었다. 이번만큼은 내 ADHDattention deficit hyperactivity disorder에게 고마워해야 할 것 같다. 그럼 게임 제작을 시작하자.

---

1   옮긴이 저자가 만들어낸 말로 영단어 prevention을 변형한 단어다.

세계 구축하기

로블록스 사이트에서 만들기 탭으로 들어가, 체험 만들기 버튼을 클릭한다.

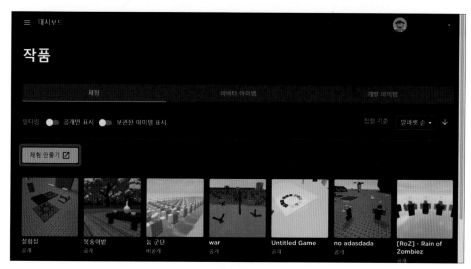

체험 만들기

로블록스 스튜디오가 열릴 텐데, 만약 스튜디오가 없다면 다운로드가 시작될 것이다. 로블록스에선 다양한 게임 템플릿을 제공해주는데, 이 게임은 어느 마을에서 시작해야 하므로 Village 템플릿으로 골랐다.

Village 템플릿을 선택한다

템플릿 맵이 로딩되었으면, 시작 전에 게임 설정을 먼저 손봐야 한다. 파일을 열거나 홈 탭에서 게임 설정으로 들어간다. 먼저 게임을 게시하라고 안내해줄 것이다. 게임 제목은 The Orb of Praventionis으로 짓고, 게임 설명에는 구상해둔 스토리라인을 적는다. 장르는 모험으로 정하고, 플레이 가능한 기기를 선택해준다. 콘솔을 선택하는 경우 마이크로소프트/XBOX 환경 콘텐츠에 동의해야 한다.[2] 설정이 끝났다면 게임을 게시하고, 다음 설정들로 넘어가자.

- 최대 플레이어 수는 1로 설정한다.[3] 한 게임 서버에 한 명만 있길 원한다.
- 비공개 서버는 비활성화한다.[4] 어차피 한 서버당 한 명밖에 플레이할 수 없으므로 있으나마나다. 서버당 한 명뿐이므로 그 외의 설정은 기본값으로 유지한다. 게임 설정 완료.

맵 전경 둘러보기

로블록스 스튜디오를 열면 게임 목록에 새로 게시한 게임이 나타날 것이다. 게임 맵을 열고 일반적으로 Workspace를 가장 먼저 둘러본다. 탐색기에서 Workspace 안의 폴더를 열어보고, 중앙의 화면을 통해 게임 내 전경을 둘러본다. W, S, A, D로 전후좌우로, E와 Q로 위아래로 움직이고, 오른쪽 클릭 드래그로 카메라 방향을 돌릴 수 있다.

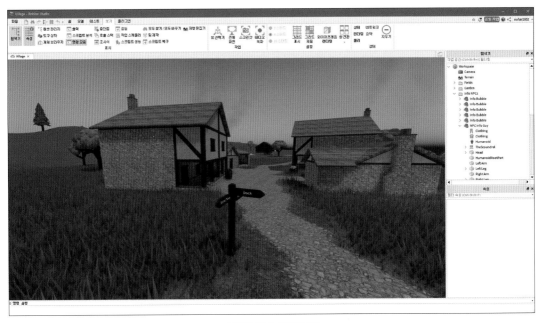

마을의 모습 둘러보기

---

2   **옮긴이** 팀 제작 항목에 관한 언급이 없는데, 맵 로딩 시간이 길어지므로 꺼두는 편을 추천한다. 나중에 다시 켤 수 있다.
3   **옮긴이** 어디서 설정하는지 언급이 되어있지 않은데, 게임 설정 – 플레이스 – 플레이스 구성(점 3개 아이콘)에서 설정한다.
4   **옮긴이** 수익 창출 탭에 있다. 권한 탭에서 플레이 허용 범위를 공개로 설정해야 수정이 가능하다.

캐릭터 배치하기

플레이어를 맞이할 아바타를 준비하려 한다. 아바타 모델을 구하기 위해 테스트 플레이를 실행하고, 탐색기에서 Workspace 안 캐릭터 모델을 찾아 마우스의 오른쪽 버튼을 클릭한 후 복사한다. 상단 메뉴에서 빨간 정지 버튼을 눌러 테스트를 종료하고, 탐색기에서 Workspace에 오른쪽 클릭한 후, 다음에 붙여넣기를 클릭한다. 캐릭터 모델이 맵에 나타나는데, 탐색기 창에서 캐릭터 모델을 Info NPCs 폴더 안으로 드래그하자.

다음은 플레이어가 처음 시작할 지점이다. 모델 탭에서 스폰 버튼을 클릭한다. 생성되는 스폰 파트를 도로 옆 표지판 앞에 배치하고, 캐릭터 NPC도 그 앞으로 옮긴다.

표지판 앞의 스폰 지점

파트를 클릭해 속성을 수정한다. 속성 창에서 Transparency 속성을 1.0으로 설정하고, Can Collide 속성은 체크박스를 해제해서 false로 설정한다. 탐색기를 보면 파트 안에 Decal 개체가 있는데, 자유롭게 삭제하거나 수정한다.

다음으로 Info NPCs 폴더 내부의 Info Bubble 모델을 삭제한다. 게임에 필요 없는 것들이다. 다시 게임 화면으로 돌아와 표지판을 살펴보면 Some Place라고 적힌 파트가 있는데, Alt를 꾹 누른 채 클릭하면 모델 안 파트가 선택되어 탐색기에서 확인할 수 있다. Sign Post 모델 안의 Direction 파트를 확장하고 SurfaceGui 개체를 찾는다. SurfaceGui 안에 TextLabel이 있는데, 속성 창에서 Text 속성을 Tunnels로 수정한다.

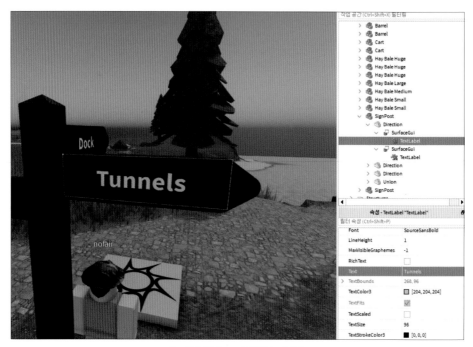

표지판 텍스트 수정하는 방법

지형 만들기

일단은 게임 장르가 점프맵이므로 건축을 시작해보자. 표지판이 가리키는 방향에 바위 몇 개가 나 있는데, 지형 편집기를 이용해 저 부근을 파보려 한다.

터널 입구를 만들 위치

삭제Subtract 도구를 선택하고 블록 모양 브러시를 꺼냈다. 맨 앞에 보이는 바위 뒤로 네모난 터널을 파고 내려간다. 터널이 어느 정도 깊어졌으면 지역Region 도구[5]로 직육면체 공간을 선택해서 지워주었다.

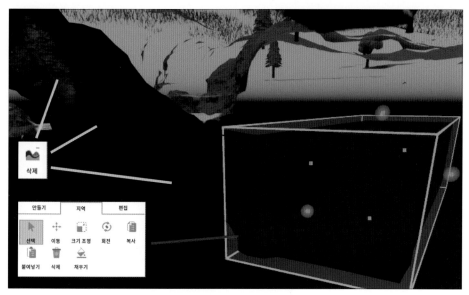

터널을 뚫는 더 빠른 방법

이 공간이 터널 내 첫 번째 방이다. Workspace 내부를 정리된 상태로 유지하기 위해 Tunnels 라는 폴더를 따로 생성해준다. 만드는 모델과 파트를 모두 이 폴더 안에 정리해두려 한다.

땅 속으로 내려가면 완전히 칠흑인데, 탐색기에서 Lighting 개체를 찾아 Ambient 속성을 255, 255, 255로 설정하면 밝기가 밝아지며 내부가 훤히 보인다. 건축을 진행할 동안은 이대로 설정해둘 것이다. 그럼 첫 방 안을 벽으로 두르는 것부터 시작한다. 벽 디자인은 성벽에 가깝게 해보려 한다.

- 상단 메뉴에서 파트 버튼을 클릭해 블록 파트를 생성한다. 속성 창에서 Anchored 속성을 켜 고정하고, 이동 도구를 이용해 벽 쪽에 아슬아슬하게 안 닿을 정도로 배치한다.
- 스케일 도구를 선택해서 파트의 각 모서리가 벽의 양쪽과 위아래 끝에 닿도록 크기를 키워준다.

- 파트의 속성 창에서 Material을 Brick으로 바꿔준다. 선택한 파트에 $\boxed{\text{Ctrl}}$ + $\boxed{\text{D}}$ 단축키를 눌러 파트를 복제한다. 복제한 파트는 간단히 이동 도구로 반대쪽 벽으로 끌어당긴다.
- 파트를 다시 복제하고 스케일 도구를 이용해 천장과 바닥을 채워준다. 방의 모습은 다음과 같을 것이다.

현재 방의 모습

다음은 용암 바닥을 설치하자.

- 새 파트를 생성해서 방 바닥에 배치한다.
- 속성 창에서 Anchored 속성을 켠다. 스케일 도구를 이용해 바닥 전체를 채운다.
- 바닥 파트는 부식된 철Corroded Metal 재질을 사용하려 한다. Color 속성은 가장 밝은 빨간색으로 설정했다.
- 이제부터는 조금 신기한 장면인데, 탐색기에서 용암 파트를 선택하고 Surface Light 개체를 삽입한다. Surface Light 속성 중 Color는 하얀색에서 빨간색으로, Face 속성은 Top으로 설정했다. Face 속성은 파트의 어느 쪽 면으로 빛이 나오게 할 건지를 나타낸다. 탐색기의 Lighting 메뉴에서 Ambient Light 옵션을 끈다면 다음 화면과 같은 광경이 나타난다.

오싹해 보이는 용암 바닥

파트 이름은 LavaFloor로 지어주었고, 파트 안에 스크립트도 추가했다.

```
function kill_ player(part)
    local hum = part.Parent:FindFirstChild("Humanoid")
    if hum then
        hum.Health = 0
    end end
script.Parent.Touched:Connect(kill_ player)
```

첫 번째 방 만들기

플레이어들이 뛰어넘을 구조물 몇 개를 만들려 하는데, 허공에 떠있는 듯이 보이게 하고 싶진 않고 반쯤 무너져 내린 다리처럼 연출하고자 한다. 먼저 입구 앞에 파트 여러 개를 생성해 작은 계단을 만들고, 무효화된 파트Negative Part 몇 개를 같이 통합하려 한다. 모두 콘크리트Concrete 재질에 회색으로 칠해준다. 스케일 도구로 파트의 크기를 바꿔가다가 원하는 크기가 되었을 때 Ctrl + D로 복제해서 다음 계단으로 삼는다. 스케일과 이동 도구를 이용해 다음 화면과 같이 6개의 파트로 구성된 계단을 만들었다.

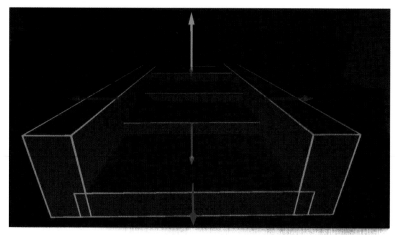

크기와 치수를 조절한 후 계단으로 다리를 놓자.

계단 끝이 일직선으로 깔끔하게 잘린 모습은 원치 않으니, 파트 몇 개를 이용해 계단을 불규칙하게 잘라줄 것이다. 파트들을 적절히 배치하고, 파트들을 선택한 상태로 상단 메뉴의 모델 탭의 무효화 버튼을 클릭한다. 파트는 붉은색으로 변하는데, 이때 스케일을 시도하면 평소와는 다른 방식으로 크기가 바뀌니 주의한다.

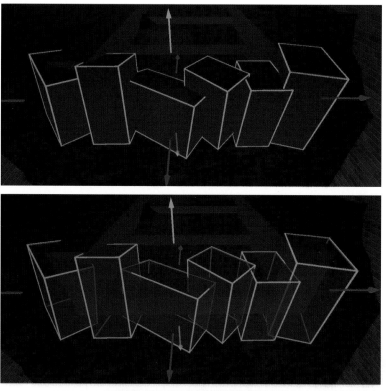

무효화 버튼으로 계단 끝 깎아내기

무효화로 생성된 Negative Part들과 계단을 모두 선택하고 상단 메뉴의 통합 버튼을 클릭한다 (혹은 Ctrl + Shift + D 단축키를 누른다). 붉은 파트들이 계단 파트를 모두 깎아내는 걸 볼 수 있다. 이런 식으로 무효화와 통합을 이용해 일반적인 파트에는 없는 독특한 모양을 만들어낼 수 있다.

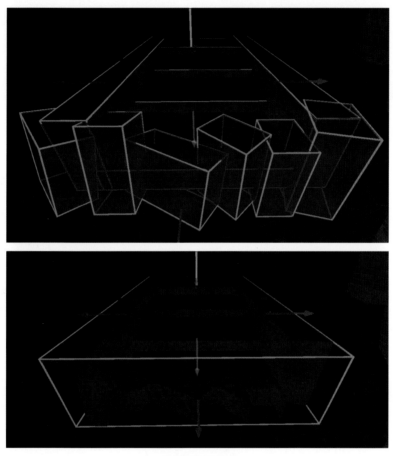

계단이 깎인 모습

다음은 구조물들을 지탱하는 기둥을 세운다. 2개의 블록 파트를 준비하는데, 하나는 조금 작은 크기로 만든다. 그리고 원통 파트를 준비해 작은 쪽 블록 파트의 폭과 지름을 통일한다. 블록 파트와 원통 파트를 겹쳐서 무효화하고, 큰 파트와 통합한다.

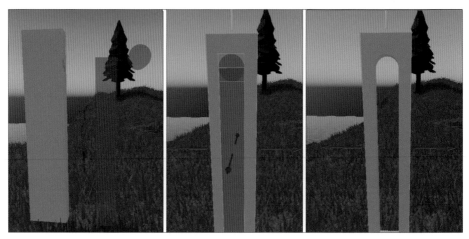

기둥을 만드는 과정 3단계

완성한 기둥을 몇 개 복제해서, 방의 벽을 따라 일정한 간격으로 배치한다. 단 마지막 기둥만은 벽에 조금 더 가깝게 배치했다. 또 하나는 조금 회전시켜서 마치 넘어진 것처럼 표현하려 한다. 앞의 기둥 3개에는 발판도 올려놓고, 맨 마지막 기둥도 조금 기울여 마찬가지로 넘어진 것처럼 표현했다.

일련의 기둥들[6]

이제부터 재미있는 부분이다. 일반적인 점프맵이라면 누구라도 금방 클리어하겠지만, 이 게임은 5분의 시간제한이 있을뿐더러 한 번이라도 죽으면 바로 게임에서 퇴장된다. 가벼운 마음으

6　(옮긴이) 먼 쪽 기둥이 저자가 말한 첫 번째 기둥이고, 가까운 쪽이 5번째이다.

로 한 번에 코스를 통과하기 어려운 것이다. 그래서 여기에 작은 함정을 2번째 기둥과 5번째 기둥에 추가하려 한다. 먼저 2번째 기둥은 밟는 순간 기둥 위의 발판이 무너져 내리게 하려는데, 그러기 위해 2번째 기둥 위에 파트를 하나 설치하고, 앞쪽으로 15° 회전시켰다. 파트는 무효화한 후에 기둥과 통합했다. 이때 원래 있던 발판은 같이 통합하지 않도록 한다.

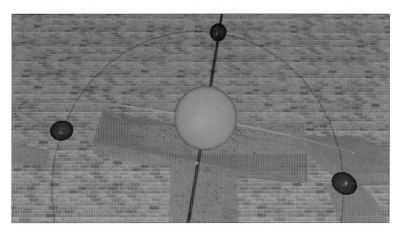

기둥에 경사 넣기

통합된 기둥은 윗면에 경사가 생긴다. 이제 발판에 스크립트를 추가해서, 플레이어가 밟으면 파트가 경사를 따라 떨어지도록 만든다. 코드는 다음과 같다. 참고로 스크립트 이름은 Platform_crack으로 지었다.

```
local canfall = true
this = script.Parent
BrickSound = Instance.new("Sound",script.Parent)
BrickSound.SoundId = "rbxassetid://1679240122"
this.Touched:Connect(function(part)
    if part.Parent:FindFirstChild("Humanoid") and canfall then
        canfall = false
        BrickSound:Play()
        this.Anchored = false
        task.wait(5)
        this.Anchored = true
        script:Destroy()
    end
end)
```

여기선 canfall 변수로 디바운싱을 한다. this 변수는 스크립트가 들어있는 발판 파트고, BrickSound는 파트 안에 생성한 Sound 개체다. 로블록스 라이브러리에서 발견한 돌 무너지는 효과음을 사용했다.

로블록스 라이브러리에 업로드된 오디오

이 화면에서 획득 버튼을 클릭해 인벤토리에 추가할 수 있다. 그러나 굳이 그럴 필요 없이 탐색기 창에서 Workspace 안에 Sound 개체를 추가하고, SoundID 속성에 해당 페이지 URL의 숫자 부분을 입력하면 된다. 이번 건 1679240122이다. 그럼 SoundID 속성은 "rbxassetid://1679240122"[7] 으로 설정한다. 이 주소를 따라 로블록스가 사운드를 불러온다. 그 뒤는 이전에 해왔듯 캐릭터 여부를 확인하고, 캐릭터가 맞다면 효과음을 플레이하고 파트 앵커를 해제한다. 파트가 한번 무너지면 스크립트의 역할은 끝났으므로, 5초 기다린 뒤에는 바닥에 떨어졌을 파트를 다시 앵커하고 스크립트는 삭제한다.

직접 테스트를 실행해 문제없이 작동함을 확인했다. 다음은 캐릭터가 다음 기둥까지 도달할 수 있는지 확인해야 한다. 캐릭터가 미끄러지지 않고 걸을 수 있는 최대 경사의 기본값은 89° 이하로, 꽤 가파른 경사도 문제없다. 다음 기둥은 회전시켜서 벽에 기대도록 만들었는데, 무너지진 않게 앵커는 해두었다. 또 파트의 경사가 걸어오를 수는 있는 정도로 유지한다. 캐릭터가 한 번에 다음 발판까지는 못 넘어가지만, 대신 기울어진 기둥 옆에 착지해서 발판 위로 걸어올라 다음으로 나아가도록 했다.

7 　(옮긴이) 스크립트가 아니라 속성 창에서 직접 입력할 때는 숫자만 입력하면 나머지 부분은 자동으로 완성된다.

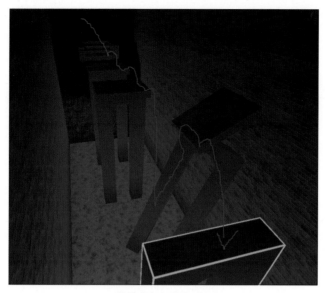

플레이어의 예상 경로

다음은 기둥 5가 앞으로 넘어지게 해보자. 플레이어가 점프하며 기둥을 밀어 기울어트리지 못하면 그대로 용암 아래로 떨어지는 것이다. 기둥의 바닥을 깎아내자. 이전처럼 파트를 무효화해서 15° 회전시킨 다음 기둥과 통합한다. 출구 쪽으로 기울도록 해야 한다.

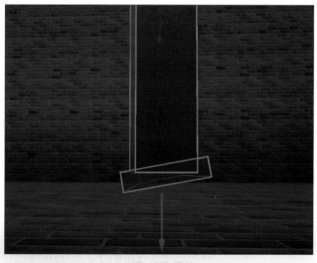

기둥 바닥 깎기

위에 만들었던 Platform_crack을 그대로 복사해 시간을 아낀다. 기둥 파트를 선택하고, 탐색기에서 기둥 파트를 오른쪽 클릭하고 다음에 붙여넣기를 해서 스크립트를 삽입한다. 똑같이 캐릭터가 닿으면 앵커가 해제되면서 파트가 움직일 것이다. 이렇게 첫 번째 방이 완성되었다.

두 번째 방 만들기

다시 지형 편집기로 돌아와 지역 도구로 통로를 뚫는다. 방의 크기보다는 작게 복도 같은 느낌으로 만들었다.

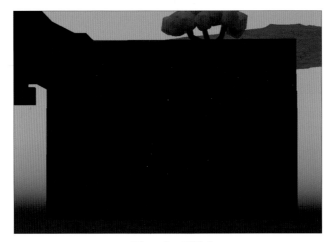

지형 크기 조절하기

두 번째 방은 가스로 가득 찬 방으로 시간이 흐를 때마다 캐릭터에게 대미지를 조금씩 준다. 지형 편집기의 칠하기 도구를 선택하고, '보도Pavement' 재질을 고른다. 방 전체를 브러시로 칠하고 나면 단순한 구덩이가 누군가가 건설한 방으로 탈바꿈된다.

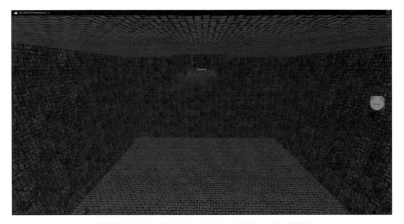

재질을 바꾸는 것만으로 방의 분위기가 바뀌었다.

방의 분위기가 갖추어졌으면 첫 번째 방에서 만들었던 계단을 첫 번째 방 출구에 배치해준다. 파트를 선택해 복제하고, Y축으로 180° 회전시켜 배치했다.

Workspace에는 Chamber 2라는 이름의 폴더를 새로 생성했다. 파트를 하나 생성해 Medium Stone Grey 색으로 칠하고, Concrete 재질로 정했다. 이 파트가 두 번째 방의 템플릿이다. 파트는 앵커한다. 상단 메뉴의 모델에서 이동과 회전 수치를 각각 15°와 1스터드로 설정했다.[8] 이러면 파트를 이동, 스케일, 회전할 때 설정한 수치를 기준으로 파트가 움직인다.

플레이어가 단순히 계단을 뛰어넘거나 계단에서 떨어지는 건 원치 않으므로 새로운 파트를 생성해 Transparency 속성을 1.0으로 설정해서 투명한 파트를 만들었다. 스튜디오에서는 파트가 선택된 게 보이지만, 실제 게임에서는 눈에 전혀 보이지 않는다.

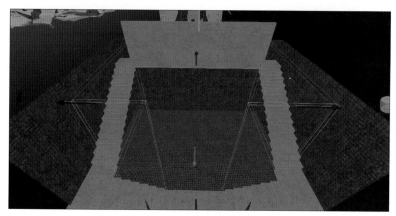

계단의 위치와 모습

나중에 Sound와 방 전체를 덮는 파트를 추가해 독가스 기능을 하도록 코딩할 예정이다.

이 방에는 문이 있는데, 문은 방 뒤쪽의 레버를 당겨야지만 열 수 있다. 문 너머론 오브가 잠들어있는 세 번째 방이 있다.

먼저 레버부터 만들었다. 파트 4개를 사용했는데, 하나는 블록 모양, 나머지 셋은 원통 모양이다. 스케일과 이동 도구로 파트를 편집해서 다음 화면에 나온 레버가 완성되었다. 아래쪽으로 향한 레버 손잡이는 투명한 파트로 만든다. 각 파트의 이름은 LeverBase, LeverGear, LeverHandleUp, LeverHandleDown이다.[9] 나중에 스크립트를 쓸 때 중요하니 지금 꼭 이름을 수정해두자. 레버가 되었으면 Ctrl + G 단축키로 그룹화한다. 만들어진 모델 이름은 Lever로 짓고, Workspace 안에 둔다.

---

8 (옮긴이) '그리드에 맞추기'라고 적힌 부분 위에 있다.
9 (옮긴이) 순서대로 블록 모양 파트, 블록 파트와 절반 겹친 원통, 위로 향한 손잡이 파트, 아래로 향한 손잡이 파트의 이름이다.

완성된 레버 모델

다음은 무효화 도구를 다시 이용해 문을 제작하자. 레버를 당겼을 때 이 문이 열리는 것이다. 만들어두었던 계단 위로 아치형 구조를 먼저 만든다. 파트의 크기 조절이 끝났으면, 원통 파트 하나와 블록 파트 하나를 꺼내 무효화한 다음, 파트와 통합해 아치를 만든다. 파트에 뚫린 구멍에 문을 배치하려 한다.

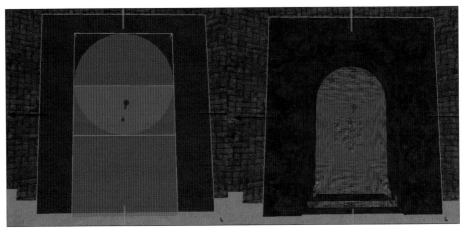

무효화하기 전과 후의 모습

원통 파트를 길다란 쇠막대기로 만들고, 파트를 격자무늬로 배치해서 거대한 철창 모양을 만든다. 가장 빠른 방법은 파트 하나를 준비한 후에 복제해서 배치하는 것이다. 예시에서는 재질은 Granite로, 색은 Bright green으로 설정했다. 철창이 완성되었으면 Ctrl + G 단축키로 파트를 모델로 그룹화한다. 모델 이름은 Jade Gate로 지었다.

완성된 Jade Gate

마지막으로 방에 가스를 가득 채워야 한다. 가스 모델은 따로 없고 플레이어의 눈에도 보이지는 않지만, 스크립트를 위해 가스 위치와 범위는 지정해주어야 한다. 새 파트를 생성한다. 이름은 Gas로 짓고, 방 전체를 뒤덮도록 스케일 도구로 키워준다. 가스의 범위는 입구와 출구 문까지다. 파트의 Transparency는 0.5로 설정해 방 안이 어느 정도는 보이게 해서 파트를 이동하거나 스케일하기 편하게 해준다.

아치 문 뒤로는 세 번째 방으로 이어지는 통로를 뚫는다. 지역 도구로 복도를 만들고, 재질은 벽돌로 칠해서 이전의 방들과 구분해주었다. 재질이 바뀌는 부분만 자연스럽도록 신경쓰면, 어떤 재질로 하든 상관은 없다. 오브를 배치할 세 번째 방으로 넘어가자.

실제로는 더 길어야 한다

책에 넣을 수 있는 분량에 한계가 있고 시간제한도 단 5분이라 점프맵의 길이도 짧아졌는데, 실제 게임을 직접 만들 때는 훨씬 길게 만들어야 한다.

세 번째 방 만들기

Workspace에 Chamber 3라는 폴더를 새로 만들었다. 폴더 안에는 구 파트를 생성했는데, 이 파트가 오브의 중심이다. 재질은 Neon으로, 색은 파란색으로 설정했다.

원하는 위치에 파트를 배치했으면, 구 파트를 하나 더 생성해 바깥을 두르게 만든다. 재질은 Glass로, 색은 하얀색으로 설정하고, Transparency 속성은 0.5로 설정해 오브 중심이 보이도록 했다. 마지막으로 오브 파트를 선택하고, 탐색기에서 **PointLight** 개체를 삽입해 빛나도록 한다. 방 안은 어두우므로, 빛이 나야지 두 번째 방의 문 너머에서도 보일 것이다.

오브의 모습

이렇게 모든 건축이 끝났다. 다음은 스크립트다.

세계를 프로그래밍하기

게임이 작동하도록 게임을 작동시킬 때 쓸 코드를 한 번에 정리하자.

게임 소개하기

먼저 마을 입구의 NPC가 플레이어에게 말을 걸도록 만들어보자. 필자는 직접 Audacity라는 프로그램을 이용해 대사를 녹음했는데, 무료로 소리를 녹음하고 믹싱할 수 있게 해주는 프로그램이다. 원한다면 본인이 직접 자기만의 대사를 녹음해도 좋다. 녹음한 대사는 다음과 같다.

코딘 마을에 어서오게, 여행자여. 이 마을에는 거대한 저주가 하나 걸려있네. 옛날 옛적, 헨렉스라는 드워프 하나가 터널 아래서 마법사의 오브를 깨워버렸어. 이 오브는 터널 밖으로 사람들을 내쫓았고, 마을에 찾아온 사람들을 왔던 곳으로 돌려보냈지. 여행자 자네도 예외는 아닐세. 오브를 찾아서 잠재워주게. 시간은 단 5분뿐이야. 사실 이 마을에 들어왔을 때 이미 시간이 가기 시작했어. 어두운 터널 안을 볼 수 있도록 라이트 마법을 걸어줄 테니, 어서 서두르게!

다음은 스크립트를 작성하자. Info NPCs 폴더 안에서 캐릭터를 찾는다. 화살표를 눌러 캐릭터 모델을 확장해 Head 파트를 찾는다. Head 안에 스크립트를 넣고 Opening Dialog라고 이름을 짓는다. 스크립트의 코드는 다음과 같다.

```
local Dialog = Instance.new("Sound",script.Parent)
Dialog.SoundId = "rbxassetid://2358606830"
task.wait(5)
Dialog:Play()

while Dialog.Playing do
    task.wait(1)
end

for k,player in pairs(game.Players:GetChildren()) do
    local player_head = player.Character.Head
    blah = Instance.new("PointLight",player_head)
end
```

코드가 하는 일은 다음과 같다.

- Sound 인스턴스를 새로 생성해 Dialog라는 변수에 반환했다. 개체의 Parent는 스크립트의 Parent와 동일하게 했고, SoundId는 "rbxassetid://2358606830"로 설정했는데, 필자가 업로드한 대사 녹음본의 아이디다.

- 5초를 기다린 후 :Play() 함수를 호출해서 게임이 시작하며 녹음된 대사가 재생되도록 한다. 플레이어는 게임에 접속하고 바로 대사를 듣기 시작할 것이다.

- 다음은 while 반복문이다. 대사 재생이 끝날 때까지 스크립트가 계속 기다리도록 하는 부분이다.

- 스크립트 마지막 부분에서는 for in do 반복문을 사용했다. 서버 내 플레이어 목록을 순회해서 각 플레이어의 Head 파트, 즉 머리에 PointLight 개체를 생성해주는 것이다. 이 개체가 터널 안에서 빛을 밝혀줄 것이다.

메인 스크립트

게임 기획 장에서 언급했던 메인 스크립트인 Game Controller 스크립트의 차례다. 플레이어가 게임에 들어오자마자 실행되기 시작해서, 플레이어 사망을 감지하고, 제한 시간을 재고, 배경음악을 틀어줄 것이다. 게임에서 가장 중요한 스크립트라고 할 수 있다. 먼저, ServerScript Service에 새 스크립트를 추가하고, TheOrbsCurse라고 이름을 짓는다. 이 스크립트는 정말 길어질 예정이라, 스크립트의 각 부분이 어떤 역할을 하는지 주석을 달아 표시해둘 것이다. 몇몇 줄은 책에서 한 줄에 모두 들어가지 않아 두 줄로 나뉘었으니, 그 부분은 실제 스크립트를 쓸 때 한 줄 안에 적도록 주의하자. 다시 말하지만, 코드의 글자가 다음 줄로 넘어간 부분은 붉은색 엔터 기호로 표시해두었다. 책에서는 두 줄에 걸쳐 적혔지만 실제 스튜디오에는 한 줄에 모두 적는다는 것을 신경쓰도록 하며, 심호흡하고, 그럼 시작한다.

```
--[[
게임 시스템을 총괄하는 스크립트다. 여기서 플레이어가
죽거나 나가는지 감지하여 게임 밖으로 퇴장시킨다.
--]]

local DSS = game:GetService("DataStoreService")
local timetowin = 300 -- 기본값 300초

local OrbBadge = 2124427099
local FriendBadge = 2124427100

local CanTouchOrb = true

local BadgeService = game:GetService("BadgeService")

function checkLogin(player)
    --달걀이 아직 숨겨진 상태인지 확인
    local EggFound = DSS:GetDataStore("EggFound")
    local EggWinner = EggFound:GetAsync("Egg")
```

```
if EggWinner then
    print(EggWinner, "가 달걀을 이미 찾아냈음")
else
    print("달걀은 아직 숨겨진 상태임")
end


--PlayerGui가 로드되는 대로 배경음악 추가
player:WaitForChild("PlayerGui")
local music = Instance.new("Sound",player.PlayerGui)
music.SoundId = "rbxassetid://1837720187"
music:Play()
music.Looped = true
music.Name = "BackgroundMusic"


-- 현재 시각을 구함
local currenttime = os.time()
--플레이어의 캐릭터가 생성되길 기다림
local char = workspace:WaitForChild(player.Name)


--캐릭터 Humanoid의 사망 이벤트에 플레이어를 퇴장시키는 함수를 연결
player.Character.Humanoid.Died:connect(function()
    print("사망")
    player:Kick("사망하셨습니다. 오브는 당신을 세계 밖으로 내쫓았으며,
재도전하고 싶다면 맨 처음부터 다시 시도해야 합니다.")
    end)
    -- 제한 시간이 다하길 기다림
    wait(timetowin)


    --제한 시간이 다하면 플레이어를 퇴장시킴
    print("제한시간 종료")
    player:Kick("제한 시간이 다 되어, 오브가 당신을 세계 밖으로 내쫓았습니다.")
end

-- 누군가가 마지막에 오브를 만졌을 때
function OrbWin (part)
    -- Humanoid가 있는지 확인하고, 오브를 만질 수 있는 상태인지 확인
    if part.Parent:FindFirstChild("Humanoid") and CanTouchOrb then
        -- 오브를 만질 수 없는 상태로 수정해 함수의 중복 호출을 막음
        CanTouchOrb = false
```

```lua
--Players에서 플레이어 개체를 구함
local player = game.Players:FindFirstChild(part.Parent.Name)
--BadgeService를 불러 OrbBadge 배지가 이미 있는지 확인
local success, message = pcall(function()
    hasBadge = BadgeService:UserHasBadgeAsync(player.UserId, OrbBadge)
end)
--에러 확인
if not success then
    warn("배지 확인 도중 다음 에러 발생: " .. tostring(message))
    return
end
--플레이어가 아직 OrbBadge가 없다면, 지금 수여해줌
if hasBadge == false then
    print("오브 배지 수여")

    --기존 배경음악이 있는지 확인 후 제거
    if player.PlayerGui:FindFirstChild("BackgroundMusic") then
        player.PlayerGui.BackgroundMusic:Destroy()
    end
    --승전곡 재생
    local Music = Instance.new("Sound", player.PlayerGui)
    Music.SoundId = "rbxassetid://1843404009"
    Music.Name = "BackgroundMusic"
    Music:Play()
    --승리했음을 알려주는 메시지 띄워줌
    local msg = Instance.new("Message",workspace)
    msg.Text = "오브를 찾아내, 마을의 영웅이 되었습니다."
    BadgeService:AwardBadge(player.UserId, OrbBadge)
else
    --이미 오브 배지를 획득한 유저라면...
    --숨겨진 달걀은 발견되었는지 확인
    local EggFound = DSS:GetDataStore("EggFound")
    local EggWinner = EggFound:GetAsync("Egg")
    --달걀이 이미 발견되었으면 함수 return
    --인벤토리에 Apple 아이템이 있는지 확인(손에 들고 있으면 안됨)
    if player.Backpack:FindFirstChild("Apple") then
        --게임 제작자의 친구인지 확인
        if player:IsFriendsWith(119529626) then
            print("CodePrime8과 친구")
```

```lua
    --우스꽝스러운 음악 재생
    if player.PlayerGui:FindFirstChild("BackgroundMusic") then
        player.PlayerGui.BackgroundMusic:Destroy()
    end
    local Music = Instance.new("Sound", player.PlayerGui)
    Music.SoundId = "rbxassetid://1839740301"
    Music.Name = "BackgroundMusic"
    Music:Play()
    --이미 친구라는 점을 알려주는 메시지 띄워줌
    local msg = Instance.new("Message", workspace)
    msg.Text = ":D 너 이미 내 친구잖아."
    return
else
    if EggWinner then
        print("달걀을 이미 발견한 상태")
        local msg = Instance.new("Message", workspace)
        msg.Text = "아쉽게도 " .. EggWinner
        .. "가 달걀을 이미 발견했어요."
        task.wait(5)
        msg:Destroy();
        return
    end
    --아직 달걀을 발견한 사람이 없으며,
      제작자 친구도 아닌데, 아이템을 찾음
    print("WinEvent Trigger")
    if player.PlayerGui:FindFirstChild("BackgroundMusic") then
        player.PlayerGui.BackgroundMusic:Destroy()
    end

    --신나는 음악 재생!
    local Music = Instance.new("Sound", player.PlayerGui)
    Music.SoundId = "rbxassetid://1847440957"
    Music.Name = "BackgroundMusic"
    Music:Play()
    --달걀을 발견했음을 알려주기!
    local msg = Instance.new("Message", workspace)
    msg.Text = "내 달걀을 발견했구나!!!"
    --배지 수여하기
    BadgeService:AwardBadge(player.UserId, FriendBadge)
    --EggWinner값을 갱신해서 다른 사람은 달걀을 획득하지 못하게 함
```

```
                EggFound:SetAsync("Egg", player.Name)
            end
        else
            --Apple 아이템이 플레이어에게 없는 경우
            print("음... 무언가를 빠트렸네요.")
            local msg = Instance.new("Message", workspace)
            msg.Text = "음... 무언가를 빠트린 모양입니다."
            wait(5)
            msg:Destroy()
        end
    end
  end
end

game.Players.PlayerAdded:Connect(checkLogin)
game.Workspace["Tunnels"]["Chamber 3"]["The Orb"]["outerOrb"].⏎
Touched:Connect(OrbWin)
```

정말로 긴 스크립트였다. 그럼 하나씩 해설해보자.

먼저 맨 위에 스크립트가 무엇을 할지에 관한 주석을 달았다. 다음은 DataStoreService와 DataStore 변수들을 선언했다. TimeToWin 변수에 제한 시간을 설정했다. 300초, 즉 5분이다.

badge 변수는 업로드한 배지의 아이디를 나타낸다. 배지를 만들기 위해선 로블록스 홈페이지에서 만들기 탭을 클릭하고, 크리에이터 대시보드로 들어간다. 작품 목록 중 배지를 추가할 작품을 찾아, 작품 아이콘 오른쪽 위의 […] 버튼을 클릭한 후, 배지 만들기 항목을 선택한다. 먼저 배지 이미지를 업로드해야 하는데, 권장 크기는 512×512픽셀이다. 파란색의 '자세한 정보' 글자를 누르면 배지 만들기에 관한 자세한 튜토리얼을 볼 수 있다. 이미지를 업로드했고, 배지 이름을 지었으며, 설명까지 적었다면 배지 만들기 버튼을 누른다. 배지 목록은 해당 작품에서 관련 아이템 탭으로 들어가면 확인할 수 있고, 배지를 클릭하면 배지의 아이디가 링크에 나타날 것이다.

배지 정보를 확인할 수 있고, 배지 아이디는 위의 링크에 나타난다.[10]

다음은 디버깅 용도로 CanTouchOrb 변수를 true로 선언했다. BadgeService를 불러 같은 이름의 변수에 저장했다. checkLogin 함수가 가장 중요한데, 스크립트를 따라 주석을 읽어내려가며 각 부분이 어떤 역할을 하는지 확인해보자. 다음은 그에 대한 전반적인 설명이다.

- 플레이어의 PlayerGui 안에 음악을 추가해 배경음악이 들리게 한다

GUI란?

Gui는 'Graphical User Interface'의 두문자어로 화면에 나타나는 그래픽과 텍스트를 통해 플레이어와 정보를 주고받는 방식이다. 예를 들어 Music Player Gui는 플레이어에게 음악을 들려주는 Gui로, 개발자는 게임 내의 적절한 장면에 적절한 타이밍으로 적절한 음악이 여기서 재생되도록 한다. 또 체력, 인벤토리, 메뉴, 버튼, 등등 이 밖에도 다양한 용도로 Gui를 사용할 수 있다.

- 플레이어의 아바타가 생성되길 기다리고, 아바타가 사망하면 퇴장시키는 함수를 설정한다.
- 마지막으로 5분 제한 시간 타이머를 시작한다. 5분이 지난 후엔 플레이어가 퇴장된다. 다음 함수는 OrbWin인데, 플레이어가 오브에 도달해 처음 오브를 만졌을 때 승전곡을 재생해주고

---

10 옮긴이 로블록스의 업데이트로 배지 만드는 방법과 배지 정보 창이 크게 바뀌어 부득이하게 원본 이미지를 임의의 다른 배지로 교체했다.

오브 배지를 수여한다. 직접 주석을 읽어가며 각 함수의 기능을 알아냈으면 하는 바람이기에 해설은 여기까지만 하려 한다. 주석이 꽤 도움이 될 것이다. 그럼 행운을 빈다.

스크립트의 맨 마지막엔 이벤트 연결이 있다. checkLastLogin 함수를 PlayerAdded 이벤트와 연결한다. 또 오브 바깥쪽 파트의 Touched 이벤트를 OrbWin 함수와 연결했다.

게임을 제작할 때의 의사결정

제한시간이 고작 5분이고 한 번 죽었다고 바로 퇴장시키는 게임이 이 세상이 어딨냐고 반문할 수도 있다. 이렇게 만든 이유는 지금까지 한 번도 이런 게임을 본 적이 없고, 게임에 무언가를 숨겨놓았기 때문이다. 플레이어들이 가벼운 마음으로 게임에 들어와 몇 분 만에 금방 배지를 얻고 가는 건 원하지 않는다. 이 게임에 걸린 제약이 플레이어들로 하여금 민첩하게 행동하도록 만들 것이다. 또 실패의 대가가 크게 다가오도록 해준다. 이 방법이 정말 통할지는 모르지만, 한번 시도해보려 한다.

세부 스크립트

다음 스크립트는 음악을 바꿔주는 스크립트다. 먼저 터널 입구에 구sphere 모양의 파트를 하나 배치했다.

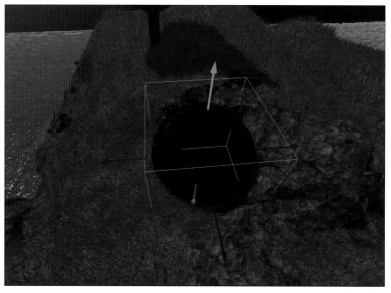

이 파트에 음악을 추가하려 한다

구 모양이 입구 전체를 덮도록 했고, 파트 안에는 스크립트를 하나 추가했다. 스크립트의 이름은 StartSong이라고 지었다.

코드는 다음과 같다.

```
canplay = true
this = script.Parent
this.Transparency = 1.0
this.Anchored = true
this.CanCollide = false
this.Touched:Connect(function(part)
    if part.Parent:FindFirstChild("Humanoid") and canplay then
        canplay = false
        local player = game.Players:FindFirstChild(part.Parent.Name)
        if player.PlayerGui:FindFirstChild("BackgroundMusic") then
            local music = player.PlayerGui:FindFirstChild("BackgroundMusic")
            for x = 0.5,0.0,-.0125 do
                music.Volume = x
                wait(.1)
            end
            player.PlayerGui.BackgroundMusic:Destroy()
        end
        local Music = Instance.new("Sound",player.PlayerGui)
        Music.SoundId = "rbxassetid://1843359148"
        Music.Name = "BackgroundMusic"
        Music:Play()
    end
end)
```

배치한 파트는 Transparency를 1.0으로, CanCollide는 false로 설정해 플레이어가 그대로 통과해 지나갈 수 있게 만들었다. 플레이어가 그 파트에 닿으면, CanPlay 변수로 디바운싱을 하고, 플레이어가 이미 배경음악이 있는지 확인한다. 배경음악이 있다면 for 반복문을 이용해 서서히 볼륨을 내리고, 다른 음악으로 교체해준다.

다음 스크립트는 두 번째 방의 레버 스크립트다. Lever 모델 안에 스크립트를 추가하고, PullScript라고 이름을 짓는다. 탐색기에서 보이는 모습은 다음과 같다.

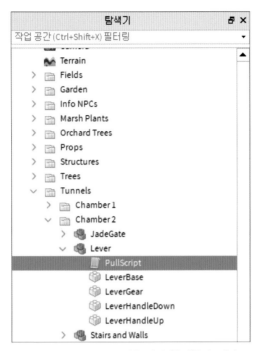

Tunnel 폴더 내의 구성을 같이 확인할 수 있다

이름을 다르게 썼거나 다른 구조물이 더 있다면 해당 개체들을 어떻게 탐색하는지 꼭 확인해 두자. 코드는 다음과 같다.

```lua
local this = script.Parent
local pulled = false
local JadeGate = script.Parent.Parent.JadeGate
local leverup = script.Parent.LeverHandleUp
local leverdown = script.Parent.LeverHandleDown
local pull_lever_snd = Instance.new("Sound",this)
pull_lever_snd.SoundId = "rbxassetid://209530691"
local DoorSlam_snd = Instance.new("Sound",this)
DoorSlam_snd.SoundId = "rbxassetid://1843115950"
leverup.Touched:Connect(function(part)
    if part.Parent:FindFirstChild("Humanoid") and pulled ~= true then
        pulled = true
        leverup.Transparency = 1.0
        leverdown.Transparency = 0.0
        pull_lever_snd:Play()
        wait(1)
        DoorSlam_snd:Play()
```

```
        wait(.5)
        JadeGate.Parent = nil
    end
end)
```

이 스크립트는 Lever 모델 안에 위치한다. 누군가가 LeverUp 파트에 닿으면 파트를 투명하게 만들고, LeverDown 파트가 나타나도록 연출한다. 동시에 로블록스 라이브러리에서 찾은 효과음을 재생해서 레버 당기는 소리를 들려준다. 1초 후, 문이 열리는 소리를 재생하고 Jade Gate 모델의 Parent 속성을 nil로 설정한다. Parent가 Workspace가 아니게 되면, 모델은 더 이상 보이지도 만져지지도 않는다.

마지막 스크립트는 2번째 방을 가득 채운 가스 스크립트다. 지면이 부족해 가스 효과는 추가하지 못했지만, 원한다면 직접 넣어서 설정해보자. 2번째 방을 만들 때 추가했던 Gas 파트 안에 스크립트를 추가한다. 스크립트 이름은 Dot, 즉 Damage Over Time의 줄임말이다. 스크립트 내용은 꽤 간단하다.

```
--damage over time
local CanTouch = true
    script.Parent.Touched:Connect(function(part)
    local hum = part.Parent:FindFirstChild("Humanoid")
    if CanTouch and hum then
        CanTouch = false
        hum.Health = hum.Health - 10
        task.wait(1)
        CanTouch = true
    end
end)
```

Touched 이벤트와 익명 함수를 연결했다. 함수는 플레이어가 파트에 닿으면 대미지를 10 주고, 1초 기다리고, 다시 플레이어가 파트에 닿길 기다린다. 스크립트 추가가 끝났으면 파트의 Tranparency는 1.0으로 설정해 완전히 보이지 않게 하자.

여기까지 따라왔으면 끝이다. 게임 프로그래밍은 끝났고, Lighting으로 가서 Ambient 속성을 0,0,0으로 바꿔 라이트 마법이 걸리기 전까지는 터널 내부를 볼 수 없게 한다. 게임 설정에서 API 서비스를 허용해 DataStore가 작동하도록 하는 것도 잊지 말자. 그러면 정말 끝이다.

테스트와 게임 게시

게임을 직접 테스트해서 버그를 찾아보고, 다른 사람에게도 부탁해 본인이 찾지 못한 버그도 찾도록 해보자.

다른 사람들도 게임을 할 수 있게 게임을 게시하려면[11] 권한 탭으로 들어가 플레이 허용 범위를 공개로 설정한다.

마무리

정말로 끝이라고는 하였으나, 지금 만든 게임은 다른 게임들에 비하면 한없이 작은 규모다. 건축, 코딩, 디자인, 녹음 등 게임 제작에 필요한 다양한 작업을 체험해보며, 사소한 디테일에 시간을 투자해 독특한 매력의 게임을 만드는 과정을 알아보았다. 책 내용을 바탕으로 게임을 제작해 보았으니, 이제는 맨 처음부터 자기만의 게임을 만들어볼 시간이다.

---

11 **옮긴이** 정확히는 게임 공개다. 게임 게시는 맨 처음 템플릿을 선택한 직후에 이미 마쳤다.

CHAPTER
10

내 게임
보호하기

인터넷에 접속하고 전세계 수많은 사람과 연결될 때 언제나 가장 먼저 걱정되는 건 보안이다. 어떤 일을 하든 보안이 우선시되고, 로블록스 게임도 예외는 아니다. 대부분의 로블록스 유저는 게임을 즐기는 것이 주목적이지만, 일부 유저들은 게임 해킹 프로그램을 사용하거나 버그를 악용하여 이득을 취하고 사람들을 괴롭히기도 한다. 이번 장에서는 게임에 해를 끼치는 다양한 방식들, 방식들의 기술적 차이, 그에 맞서 보안을 강화하는 법, 실제로 나타나는 경우의 대응방안 등을 알아보려 한다.

Exploiting과 해킹

특정 코드를 게임 내에 주입inject하기 위해 작성된 외부 프로그램의 사용을 로블록스에서는 exploit이라고 하는데, 이러한 외부 프로그램은 2가지 종류로 나뉜다.

1. 하나는 일반적인 로블록스 클라이언트와 똑같이 서버에 연결된 클라이언트인데, 인위적으로 만들어낸 커맨드 바 따위로 게임에는 없는 루아 스크립트를 실행할 수 있게 해준다.

2. 다른 하나는 DLL Injector로, 로블록스 클라이언트가 시작되면 Dynamic Link Library라는 것이 있어 다양한 prewritten function 호출을 실행할 때 사용된다. 우리가 사용자 지정 함수를 만드는 것과 비슷하다. 이 DLL 안에는 클라이언트가 호출하는 함수들도 포함되어 있는데, DLL Injector는 실행 도중 이 DLL을 내의 함수들을 다른 조작된 함수로 교체해, 클라이언트가 함수를 호출했을 때 원래 함수가 아닌 다른 함수가 호출되도록 하며, 코드를 게임에 주입한다.

이들은 엄밀하게는 해킹과 구분된다. exploit은 해킹과는 다르다. 최소한 로블록스 게임에 관해서는 그렇다. 로블록스 게임을 해킹한다는 의미는, 어떤 디버거 프로그램을 써서, 컴파일된 로블록스 클라이언트 코드를 살펴보고, 하나씩 거슬러 올라가야 한다. 해킹은 기본적으로 보안 내의 버그나 보안에 뚫린 구멍을 찾는 과정이다. 한 번 보안 취약점이 발견되면 그걸 쉽게 이용하도록 해주는 프로그램이 해킹 프로그램이다. 이걸 어떻게 막는지 이야기해보자.

Remote Event와 Remote Function

로컬스크립트와 서버스크립트 간에 통신을 위해 Remote Event와 Remote Function이 사용된다. Event는 단발성의 일방향 통신을, Function은 양방향 통신이다. Event가 Function보다 속도가 빠르다. Remote Event/Function은 하나의 개체다. 대체로 ReplicatedStorage 안에 추가하는데, ReplicatedStorage는 서버와 클라이언트 모두로 복제되기 때문이다. 서버와 클라이언트 모두 개체를 확인하고 탐색할 수 있는데, 개체를 수정하는 등 서로에게 함부로 영향을 주진 못한다.

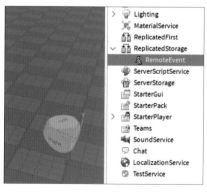

Remote Event 개체를 추가한 모습

필요한 이벤트마다 하나의 Remote Event 개체를 두는 것이 좋다. 하나의 Remote Event가 여러 스크립트에 걸친 다른 함수들을 동시에 담당하도록 하는 것은 좋지 않다. 이름을 따로 지어 다른 개체들과 구분해두는 것도 좋다. 사용하는 Remote Event의 수에 따라 목록이 금방 길어진다.

Remote Event와 Remote Function을 용도에 따라 이름을 짓지 않고 기호와 번호만으로 구성하는 경우도 있다. 예를 들어 개체를 RE1843처럼 이름을 짓는 것이다. 이벤트의 용도가 뭔지 알기 어려워지지만, 이벤트를 정리한 목록을 살펴보면 게임 내 이스터에그가 트리거되었을 때 사용되는 이벤트구나 하고 알 수 있게 되는 것이다. 로컬스크립트에서 터치를 감지하고, RE1843 이벤트 트리거 호출, 그리고 서버에서 호출을 받는 식이다. 이름을 짓는 방식은 본인 자유지만, 각 이벤트가 어떤 역할을 하는지 숨기는 것도 어느 정도 보안에 도움이 된다.

그럼 Remote Event를 직접 사용해보자.

- ReplicatedStorage에 RemoteEvent를 추가한다. PlaceBox라고 이름을 짓는다.
- StarterGui 폴더를 찾아 ScreenGui를 추가한다. ScreenGui 안에는 TextButton을 추가한다.
- TextButton 안에는 로컬스크립트를 추가한다. ScreenGui는 PlayerGui로, TextButton은 PlaceBox로, 로컬스크립트는 ClientPlaceBoxScript로 이름을 수정한다.

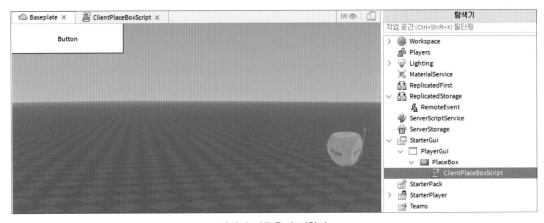

이렇게 이름을 수정한다

TextButton을 PlaceBox으로 이름을 바꾼 개체를 선택한다. 속성 창에서 Text 속성을 '파트 생성'으로 수정한다. 다음은 ServerScriptService에 스크립트를 추가한다. 스크립트 이름은 ServerPlaceBoxScript로 설정한다. 그럼 먼저 ClientPlaceBoxScript부터 코드를 작성하자.

```
local RStorage = game:GetService("ReplicatedStorage")
local PlaceBoxEvent = RStorage:WaitForChild("PlaceBox")
local PlaceBoxButton = script.Parent
PlaceBoxButton.MouseButton1Click:connect(function()
    print("Local Script Fired")
    PlaceBoxEvent:FireServer()
end)
```

변수 3개를 선언하는 것부터 시작한다. 첫 번째 변수는 game:GetService 함수로 구한 Repli catedStorage다. 이때 game.ReplicatedStorage 경로를 써도 상관없다. 다음은 ReplicatedStorage 내부의 PlaceBox 이벤트가 로드되길 기다린다. 클라이언트와 서버 사이에 네트워크 지연이 일어날 수 있으므로 WaitForChild 함수를 써서 이벤트가 아직 생성되지 않았을 경우 생성될 때까지 기다리게 만든 것이다.

다음은 Gui 버튼 개체로, 지금은 스크립트가 이 개체 안에 들어있으므로 script.Parent로 간단하게 찾을 수 있다. 참고로, 나중에 다른 작품을 만들 때 버튼이 많은 경우에는 이것만으로 간단히 탐색하기 어려울 수도 있어서 꼭 script.Parent가 항상 통하는 것은 아니다.

PlaceBoxButton의 MouseButton1Click 이벤트와 익명 함수를 연결해, 이벤트가 트리거되면 그 사실을 print로 출력해주고, FireServer()함수로 PlaceBoxEvent를 트리거한다. 간단히 정리하면 버튼을 클릭하면 이벤트를 트리거하는 것이다. 다음은 ServerPlaceBoxScript를 작성할 차례다.

```
local RStorage = game:GetService("ReplicatedStorage")
local PlaceBoxEvent = RStorage:WaitForChild("PlaceBox")
PlaceBoxEvent.OnServerEvent:connect(function(player)
    print(player.Name .. " 플레이어가 버튼을 눌렀습니다 ")
    local player = workspace:FindFirstChild(player.Name)
    local playerPos = player.HumanoidRootPart.Position
    local NewBox = Instance.new("Part",workspace)
    NewBox.Size = Vector3.new(3,3,3)
    NewBox.Position = playerPos + Vector3.new(0,10,0)
end)
```

서버 쪽 스크립트는 간단하다. ReplicatedStorage를 찾고, PlaceBoxEvent가 로딩되길 기다린다. PlaceBoxEvent가 나타나면, 바로 익명 함수와 이벤트를 연결한다. OnServerEvent에는 인자가 무조건 하나 있는데, 이벤트를 트리거한 플레이어다. 플레이어를 매개변수로 받아 캐릭터의 위치를 구하는데 쓸 것이다. 이 밖에도 플레이어의 Backpack이나 리더보드 정보 등으로도 활용할 수 있다. 어찌됐든 플레이어를 구했으므로 플레이어 이름을 출력해 누가 트리거했는지를 표시한다. 플레이어와 같은 이름의 모델을 Workspace에서 찾아 캐릭터를 구하고, PlayerPos 변수를 선언해 HumanoidRootPart의 Position을 저장한다.

마지막으로 파트 인스턴스를 새로 생성하고, 크기는 3×3×3으로 정해준 후, Position을 플레이어의 캐릭터 위 10스터드로 설정한다.

이제 테스트해볼 차례다. 게임을 실행하고 Gui 버튼을 누르면 파트가 생성된다. 파트를 마구 소환하면서 즐거운 시간을 조금 보내도 좋다.

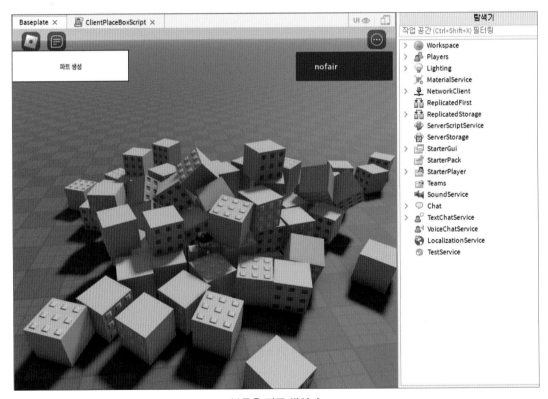

블록을 잔뜩 쌓았다

화면에서 볼 수 있듯, 한 번에 생성할 수 있는 파트에 제한을 두거나 버튼 딜레이를 추가하지 않으면 버튼을 마구 클릭하는 것만으로 수십 개의 파트가 금방 생성된다. 이번에는 Remote Function으로 넘어가자. Remote Event와 비슷하지만, 결과값을 반환한다는 차이점이 있다.

그럼 시작해보자. 먼저 ReplicatedStorage에 RemoteFunction 개체를 추가한다. 이름은 PlaceBoxFunc라고 짓는다. 조금 전 만들었던 PlayerGui 안에 TextButton을 하나 더 추가하고, PlaceBoxFunc라고 이름을 짓는다. Text 는 '파트 생성 – 함수'로 설정한다. 화면에서 버튼을 드래그해 옮겨 두 버튼이 모두 보이게 한다.

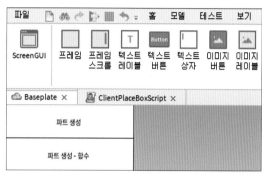

위아래로 배치된 두 개의 버튼

버튼에는 로컬스크립트를 추가하고 ClientPlaceBoxFuncScript라고 이름을 짓는다. ServerScriptService에도 스크립트를 추가하고 ServerPlaceBoxFuncScript라고 이름을 짓는다. 총 4개의 개체를 지금까지 추가하고 속성을 수정했다. 참고로 이 작업 모두 스크립트만으로도 수행할 수 있다.

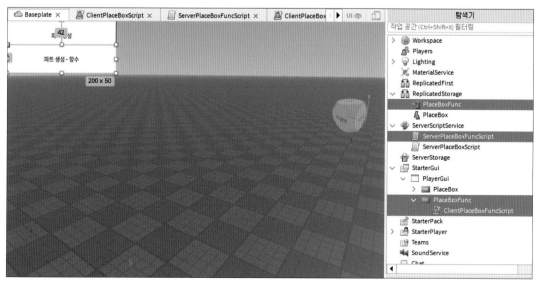

각 개체의 이름 짓기

ClientPlaceBoxFuncScript부터 코딩하려 한다. 작성할 코드는 다음과 같다.

```
Local Rstorage = game:GetService("ReplicatedStorage")
local PlaceBoxFunc = Rstorage:WaitForChild("PlaceBoxFunc")
local PlaceBoxFuncButton = script.Parent
local Red = math.random(0,255)
local Green = math.random(0,255)
local Blue = math.random(0,255)
local myRandomColor = Color3.new(Red,Green,Blue)
PlaceBoxFuncButton.MouseButton1Click:connect(function()
    local NewPart = PlaceBoxFunc:InvokeServer()
    NewPart.Color = myRandomColor
end)
```

변수 선언부터 시작했다. 조금 전과 동일하게 ReplicatedStorage, RemoteFunction, 버튼을 구했다. 여기에 추가로 Red, Green, Blue 변수를 추가해 math.random 함수에서 1과 255 사이 무작위 정수를 반환받았다. 그 다음 Color3 값을 생성하고, 반환받은 무작위 정수 3개를 바탕으로 무작위 색깔을 생성한다. 새로 생성할 파트를 이 색으로 칠해줄 예정이다.

이어서 버튼을 클릭했을 때 호출할 익명 함수를 만들었다. 다음은 RemoteFunction의 차례로 PlaceBoxFunc:InvokeServer()를 했는데, 반환될 값을 받아 처리할 수 있도록 왼쪽에 NewPart 라는 변수를 두었다. 서버에서는 파트를 생성해주고, 생성한 파트를 반환한다. 파트를 반환받은 후에 생성했던 색깔로 파트 색깔을 바꿔준다. 로컬스크립트에서 색깔을 바꿨으므로 본인에게만 색깔이 적용되고, 마찬가지로 다른 사람들이 생성한 파트는 기본값 회색으로만 보이게 된다. 게임 테스트가 기대되는데, 우선 서버 쪽 스크립트도 완성해야 한다.

```
local Rstorage = game:GetService("ReplicatedStorage")
local PlaceBoxFuncEvent = Rstorage:WaitForChild("PlaceBoxFunc")

function CreateBox(player)
    print(player.Name .. "  플레이어의 파트 요청")
    local NewBox = Instance.new("Part",workspace)
    NewBox.Size = Vector3.new(3,3,3)
    NewBox.Position = Vector3.new(0,10,0)
    return NewBox
end

PlaceBoxFuncEvent.OnServerInvoke = CreateBox
```

ReplicatedStorage에서 PlaceboxFuncEvent를 구했고, 이번에는 익명 함수가 아닌 CreateBox 함수를 따로 만들어주었다. 매개변수로 player가 있다. 파트 생성을 요청한 플레이어를 print로 출력하고, 새 파트를 생성하고, 맵 정중앙 0,0,0에서 10스터드 위에 배치하고, Size를 3×3×3으로 설정했다. 함수 마지막에 NewBox 변수를 return하는데, 이 값이 로컬스크립트로 반환된다. 그러면 값을 갖고 무엇을 할지는 로컬스크립트에게 달려있다. 따라서 반환되는 값이 있다는 점 외엔 RemoteEvent와 큰 차이는 없다.

스크립트 준비가 모두 끝났으니 테스트를 해볼 차례인데, 단순히 플레이를 누르는 대신 이번에는 플레이어 4명 서버를 시작해본다. 컴퓨터 성능에 따라 4명 서버가 어렵다면 2명만으로 진행해도 된다.

상단 메뉴의 테스트에서 로컬 서버를 선택하고, 플레이어 4명 항목을 선택한 다음, 시작 버튼을 누르면 4개의 클라이언트 창이 뜨고, 하나의 서버 창이 나타날 것이다. 각 창을 돌아가며 파트 생성 버튼을 눌러보면서 각 창이 서로 어떻게 다르게 보이는지 비교해보자.

파트 모두 서버에 생성되고, 클라이언트로 전달되고, 클라이언트에서는 색깔을 바꾼다. 그 결과, 파트의 색깔 변화는 해당 클라이언트에서만 보이고 서버나 다른 플레이어들에게는 보이지 않는다. 각 플레이어는 자신이 생성한 파트의 색은 보이지만, 다른 파트들은 기본값 색 그대로다. 이것이 각 클라이언트가 다른 클라이언트에 영향을 주지 못함을 보여주는 훌륭한 예시다.

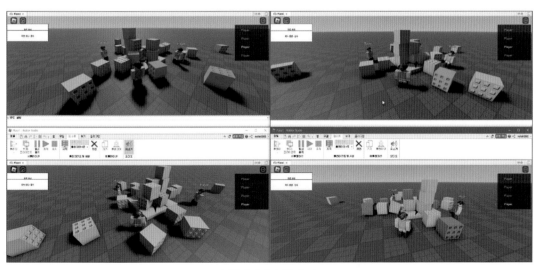

각 플레이어의 화면 비교

만약 Filtering Enabled(제1장의 '스크립트란?' 참고)나 Experimental Mode라고 불리던 것이 아직도 있었다면 클라이언트의 변화가 서버에도 영향을 끼쳤을 것이다. 지금은 exploit 문제로 Filtering Enabled와 Experimental Mode가 사라졌다. 주목할 점은 2가지다.

1. 클라이언트에서 맵에 가한 수정이 다른 클라이언트로 복제되지 않게 한다.
2. 불가피한 수정은 Remote Event 또는 Remote Function을 통해서 한다.

다음에 다룰 내용은 유저가 클라이언트를 조작해 게임과 다른 유저들에게 피해를 입히지 못하게 방지하는 방법이다.

Exploit 방지 대책

지금까지는 플레이어들이 다른 플레이어나 서버를 조작하지 못하게 방지하는 방법을 알아보았다. Remote Event나 Remote Function을 이용해 대부분은 방지할 수 있지만, 예외도 물론 있다. 유저가 유저 자신에게만 영향을 끼치는 요소를 조작하는 경우다. 이동 속도, 점프 파워, 체력 등이다. 이들은 모두 클라이언트에서 다뤄지므로, 클라이언트에서 조작할 수 있으며 서버에서는 이를 알아채지 못한다. 서버스크립트로 이를 방지하기 힘든 것이라 문제가 복잡해진다.

이때 플레이어 안에 로컬스크립트를 추가해서 클라이언트 쪽 변화를 감시하려 한다. 변화가 생기면 서버에 알리고 적절한 조치를 취해 클라이언트를 조작하려는 사람을 저지한다.

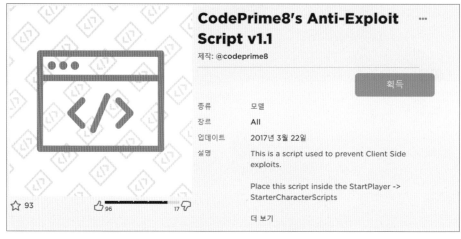

저자의 Anti-Exploit 스크립트

이것은 www.roblox.com/library/705785509/CodePrime8s-Anti-Exploit-Script-v1-1 링크에서 획득할 수 있는 exploit 대책용 스크립트다. 필자가 작성해 업로드했다. 클라이언트 범위에서 exploit을 막는 방법의 예시를 여기서 확인할 수 있다. 물론 서버 쪽에서 exploit을 막는 것이 더 이상적임은 부정할 수 없다.

클라이언트 쪽에서 exploit을 막는 건 좋지만 문제가 한 가지 있다. 만약 클라이언트에서 직접 스크립트를 제거해버리면 어떡할까? 스크립트가 사라져 더는 클라이언트 내 조작을 감시할 수 없게 된다. 이에 대한 대책으로 서버스크립트로 다시 로컬스크립트를 감시해, 스크립트가 사라지지 않도록 방지하는 방법이 있다.

먼저 로컬스크립트부터 시작하자. 지금은 점프 파워, 이동 속도, 체력 등의 속성부터 확인하게 할 것이다. StarterPlayer의 StarterCharacterScripts 안에 로컬스크립트를 추가한다. 이곳에 넣은 스크립트는 캐릭터가 매번 스폰될 때마다 같이 생성되어 실행된다. 스크립트 이름은 AntiCheat로 짓고, 다음 코드를 입력한다.

```lua
local check _ interval = 2
local lPlayer = game.Players.LocalPlayer
local oPlayer = game.Workspace:WaitForChild(lPlayer.Name)
function kickWithMsg(textToShow)
    local MSG = Instance.new("Message",workspace)
    MSG.Text = textToShow lPlayer:Kick("Kicked: " .. textToShow)
end
while wait(check _ interval) do local hum = oPlayer.Humanoid
    --이동 속도 확인. 기본값 16
    if hum.WalkSpeed >16 then
        kickWithMsg("비정상적인 이동 속도")
        --점프 파워 확인. 기본값 50
    elseif hum.JumpPower >50 then
        kickWithMsg("비정상적인 점프 파워")
        --최대 체력 확인. 기본값 100
    elseif hum.MaxHealth >100 then
        kickWithMsg("비정상적인 최대 체력")
    end
end
```

그럼 각 섹션을 살펴본다.

- 먼저 check_interval이라는 변수에 스크립트가 몇 초 주기로 속성값들을 확인할지 설정한다. 1초로 설정해도 되고, 원하는 만큼 길게 설정해도 된다.
- 다음은 1Player 변수에 LocalPlayer를 불러왔다. 참고로 game.Players.LocalPlayer는 로컬스크립트에서만 쓸 수 있고, 서버스크립트에서는 못 쓴다는 점을 명심하자.
- WaitForChild로 Workspace에 캐릭터 모델이 생성되길 기다렸다가 oPlayer 변수에 모델을 반환한다.[1]

플레이어의 캐릭터 설정을 확인하기 위해 필요한 것은 준비가 끝났다. 다음으로 kickWithMSG 함수를 만들고 textToShow 매개변수에 문자열 인자를 받는다. Expoit을 시도하는 플레이어를 이 함수로 강제 퇴장시키는 것이다. 여기서 더 나아간다면 DataStore를 이용해 차단 유저 목록을 만드는 것도 가능하다. 스크립트로 다시 돌아와 while wait() do 반복문으로 무한 루프를 만들었고, 처음에 설정한 시간마다 반복하도록 했다. 반복문 안에서는 hum이라는 변수 안에 캐릭터의 Humanoid 개체를 찾아 반환했다. Humanoid의 속성들을 읽고, if/then 조건문으로 값을 확인한다. 값이 비정상적으로 높다면, 플레이어를 퇴장시키면서 퇴장 이유도 같이 알려준다.

이렇게 AntiCheat 스크립트가 완성되었다.

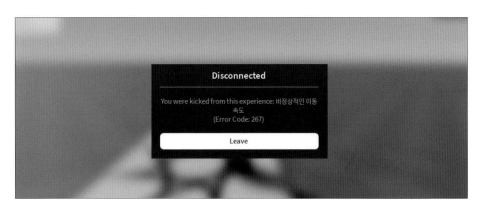

규칙을 어긴 플레이어를 강제 퇴장시키기

물론 여기서 끝이 아니다.

---

1 **옮긴이** 조금 전 스크립트를 StarterCharacterScripts에 넣었는데, 그 경우 스크립트가 캐릭터 모델 안에 같이 생성되므로 local oPlayer = script.Parent를 하는 편이 훨씬 간단하다.

이전에도 말했듯이 이 스크립트는 어떤 부분을 신경써야 할지 간단히 알려줄 뿐이다. 이제는 서버스크립트에서 이 로컬스크립트가 문제없이 작동하는지 확인해야 한다. Remote Function 을 이용해 로컬스크립트에 신호를 보낼 수도 있다. 그래서 로컬스크립트에 반응이 없다면 무슨 일이 생긴 것이다. 그러면 서버 쪽 AntiCheat 스크립트를 만들어보자.

ServerScriptService에 새 스크립트를 추가하고 AntiCheatServer라고 이름을 짓는다. 다음은 코드 내용인데, 한번 설명을 보지 않고 어떤 기능을 하는지 알아맞혀 보자.

```lua
local check_interval = 5

function kickWithMSG(player,Message)
    player:Kick(Message)
end

while(wait(check_interval)) do
    --게임 내 플레이어 목록 구함
    local Players = game.Players:GetChildren()
    --각 플레이어 순회
    for key,player in ipairs(Players) do
    --플레이어의 캐릭터 모델 구함
        oPlayer = player.Character
        if not(oPlayer:FindFirstChild("AntiCheats")) then
            --캐릭터 안에 AntiCheat 스크립트가 없다면 강제 퇴장
            kickWithMSG(player,"AntiCheat 스크립트 부재")
        end
    end
end
```

필자가 처음 1.1 버전 Anti-Exploit 스크립트를 출시했을 때, 아무에게도 서버 쪽 스크립트가 있다는 사실을 알려주지 않았다. 그 결과 수많은 사람이 캐릭터 안의 로컬스크립트를 삭제하려고 시도하다가 서버스크립트에 걸렸다. 분명히 말하지만 서버스크립트는 계속 정상 작동중이고, 독자 중에서 로컬스크립트를 삭제하려는 사람은 없길 바란다.

코드로 들어가서 먼저, check_interval 변수를 5로 설정했다. 서버스크립트를 1초마다 반복시켜 랙lag을 유발하고 싶은 마음은 없다. 다음은 로컬스크립트와 같은 kickWithMSG 함수인데, 2가지 인자를 전달받는다.

1. 퇴장시킬 플레이어

2. 플레이어를 퇴장시키면서 보여줄 메시지

Player 개체를 그대로 인자로 전달할 것이므로 곧바로 :Kick 함수를 호출하면 된다. 다음은 5초마다 반복하는 무한 루프다. 반복문 안에서 Players 변수에 플레이어 목록을 저장하고, 모든 플레이어를 순회한다. 각 플레이어의 캐릭터 모델을 찾고, 캐릭터 안에 AntiCheat가 있는지 확인한다. 이 부분을 if not(oPlayer:FindFirstChild("AntiCheats")) then이라고 작성했는데, 찾은 결과가 false 일 때 플레이어를 퇴장시키므로 앞에 not을 붙인 것이다. 스크립트가 존재하면 if not(true) then 꼴이 되어 결과적으로 조건이 false가 되고 조건문 안의 코드를 실행하지 않는다. 반면에 스크립트가 존재하지 않으면 if not(false) then 꼴이 되어 결과적으로 조건이 true가 되고, 조건문 안의 kickWithMSG()를 호출한다. 이때 플레이어 개체와 스크립트에 관한 친절한 안내 메시지도 같이 전달된다. 이제 스크립트가 작동하는지 테스트를 해볼 차례인데, exploit 프로그램이 없으므로 대신에…

이번 장 초반에 만들었던 ClientPlaceBoxScript를 StarterGui 안에서 찾는다. 이 스크립트에 코드를 하나 추가하는데, FireServer() 트리거 바로 아랫줄에 다음과 같이 입력한다.

`game.Players.LocalPlayer.Character.AntiCheats:Destroy()`

그다음 파트를 생성하는 버튼을 클릭하면, AntiCheat 스크립트도 덩달아 삭제되게 된다. 게임을 게시하고, 로블록스 사이트에서 게임을 테스트해보면 아래 화면과 같은 결과가 나온다.

개인적으로는 단순 퇴장보다는 아예 플레이어를 게임에서 차단하는 걸 선호한다. 다시는 게임에 들어오지 못하도록, 소위 말해 '밴을 때리는' 것이다.

퇴장 메시지도 같이 나타나있다

한 걸음 더

여기서 보여준 스크립트는 간단하고 기본적인 내용만을 담고 있다. 모든 종류의 exploit이나 게임 핵을 막지는 못하며, 시간이 지나면 로블록스 업데이트로 취약점이 나타나거나, 플레이어들이 직접 취약점을 찾아낼 것이다. 갈 길은 상당히 길다. 한 가지 더 도움말을 주자면 게임에 넣은 적이 없는 Gui 개체가 있는지 확인해 보는 게 좋다. 여러 exploit 프로그램은 플레이어가 상호작용할 수 있는 ScreenGui를 같이 동반한다.

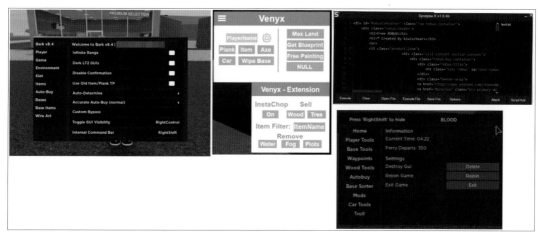

실제 Exploit 프로그램의 Gui 모습

플레이어 가방 검사하기

플레이어의 인벤토리와 Backpack을 확인해보는 것도 외부 아이템이 게임 내에 추가되는 것을 막는 좋은 방법이다. 예를 들어 총을 전혀 사용하지 않는 게임에 총을 들고다니는 플레이어가 있다면 exploit을 의심할 만하다.

Remote Event를 확인하는 것도 좋은 방법이다. exploit 사용자는 ReplicatedStorage 내의 Remote Event와 Remote Function들에 접근할 수 있고, 원할 때 자기 마음대로 호출하는 것도 가능하다.

호출을 막는 방법 중 하나는 원래는 존재하지 않는 클라이언트 쪽 스크립트가 있는지 확인하는 것이다. 가장 좋은 방법은 허용된 로컬스크립트 목록을 만들고, 클라이언트 쪽 스크립트를 모두 검사해 목록에 없는 것을 확인하는 것이다. 만약 목록에 없는 스크립트가 발견되었다면, 목록에 추가하는 걸 잊지 않은 이상 exploit일 확률이 높다.

모든 종류의 코드에서 언제나 보안 문제는 골칫거리다. 게임을 프로그래밍할 것이라면 exploit 프로그램이 실제로 어떻게 쓰이는지 확인하는 것이다. 이걸 정말 알려줘도 되나 싶지만, 때론 맞서는 적을 온전히 이해하는 게 최고의 방법이다. exploit에 관한 정보는 광범위하게 돌아다니고 있으며, 누구나 받아서 쓸 수 있다. 그 누구나에는 지금 이 글을 읽는 당신도 포함된다. 적을 알고 나를 알아야 백 번을 싸워도 위태롭지 않다. exploit을 사용한다고 모두 나쁜 사람인 것도 아니다. 결국엔 어디에나 있는 평범한 게이머 중 하나고, 부탁하면 게임 보안 테스트를 기꺼이 도와주는 사람도 있을 것이다. 게임에서 직접 exploit을 당해보는 것도 어찌 보면 보안을 지키는 가장 좋은 방법이다.

끝내며

이 책에서 한 번 더 강조하고픈 부분은 프로그래밍의 즐거움이다. 코드에 정해진 정답은 없다.

이 자리를 빌어 Bloby890에게 감사를 전하고 싶다. 첫 영상을 녹화해보라고 권해준 사람이다. 영상을 찍지 않았다면 책을 내는 일도 없었다. 내 과거의, 현재의, 미래의 어드민들에게 감사를 전한다. 도와줘서, 보호해줘서 고맙고, 나눠준 우정과 사랑에 감사한다. DigDugPlays, Mumazing, DarkJ, 크게 성공해도 잊지 말아달라고 했던 말이 기억난다. 책도 여기 포함되는지 모르겠다. 그리고 내 모든 팬들에게 감사인사를 전한다. 나를 여기까지 이끌어줬기에 지금 이 순간이 있는 것이다. 고맙다.

감사인사를 전하고픈 사람은 아직 한참 남았지만, 책이 더 길어지면 퇴고해줄 편집자 님에게 미안해지니 이만 줄이겠다. 끊임없이 배워라. 멈추지 마라. 넌 해내지 못할 거라고 지껄이는 말은 무시해라.

모두들 사랑한다. 읽어줘서 고맙다.

부록

더 많은 정보 얻기

로블록스 스크립트의 모든 세부 내용을 배우는 건 불가능하다. 스크립트를 다루면 매일 새로운 형태나 구조의 코드와 만난다. 부록에서는 스스로 학습하는 방법을 알려주려 한다. 먼저 용어에 익숙해지고 스스로 학습할 수 있다면, 전혀 새로운 코드와 마주쳐도 코드에 관한 정보를 넉넉하게 얻을 수 있을 것이다. 단순히 구글에 검색하는 것보다 훨씬 효율적인 방법들이다.

용어집

API: application programming interface, 개발자들을 위해 제공되는 함수 모음

CFrame: 어떤 개체를 감싼 보이지 않은 프레임으로, 개체의 3D Position과 Orientation을 정해주는 속성이다.

DataStoreService: 로블록스 서버 데이터베이스에 정보를 저장하고 불러올 때 사용하는 서비스다.

exploit: 게임 치트를 위한 프로그램

Humanoid: 캐릭터의 정보를 담은 개체. 이동 속도, 체력, 점프 파워 등을 여기서 설정한다.

nil: 값이 없음을 나타내는 단어

Remote Event: 로컬스크립트와 서버스크립트 간 일방향 소통을 위해 쓰이는 개체

return: 값을 반환함

논리 연산logic: 여러 값을 서로 비교해 참true 혹은 거짓false을 반환하는 연산

디바운싱debounce: 함수가 한 번만 실행되게 하거나, 한번 실행되면 일정 시간이 지나야 다시 실행될 수 있게 하는 것

로컬스크립트LocalScript: 유저의 클라이언트, 즉 플레이어의 컴퓨터에서 실행되는 스크립트

메서드method: 특정 변수나 개체에 호출하는 함수

메시mesh: 3D 모델링된 파트

무한 루프infinite loop: 조건이 영원히 만족되지 않아 무한정 반복하는 반복문이다.

문자열string: 따옴표로 감싼 일련의 텍스트. 단어나 문장 등이 들어간다.

반복문loop: 특정 조건을 만족할 때까지 블록으로 묶인 일련의 코드를 처음부터 끝까지 실행하고, 다시 처음으로 돌아가 같은 코드를 반복해 실행한다.

변수variable: 데이터를 저장하는 컨테이너

벡터vector: x, y, z의 3개 숫자로 구성되어 Workspace 공간의 각 축을 나타낸다.

서버server: 게임 환경이 실행되는 인스턴스. 게임에 접속하면 서버가 클라이언트로 복제된다.

서버스크립트ServerScript: 로블록스 서버에서 실행되는 스크립트

속성property: 어떤 개체의 특성 설정. 파트의 경우 Color, Size, Name, Position 등의 속성이 있다.

스크립트script: 특정 과제를 수행하도록 작성한 일련의 코드

스폰spawn: 캐릭터가 생성되는 것

이벤트event: 특정 상황에 반응해 트리거되는 것. 함수와 연결해서 특정 상황마다 함수가 호출되게 할 수도 있다.

인스턴스instance: 특정 클래스의 개체. 부모 클래스를 가진다.

인자argument: 함수 호출시 함수에 전달되는 값이다.

자식Children: 탐색기 창을 살펴보면 어떤 개체는 다른 개체 안에 들어있는데, 이때 안에 들어 있는 개체가 바깥 개체의 '자식'이다. 바깥 개체는 '부모'라고 부른다. 부모/자식 관계는 여러 개체에 걸쳐 나타난다. 탐색기 창에 보이는 개체도 모두 게임 개체의 자식이다. Workspace, Players, Lighting 등이 있다.

전달pass in: 함수를 호출할 때 괄호에 같이 넣는 값은 인자로서 매개변수에게 '전달'된다.

점프맵obby: 로블록스 게임 장르 중 하나로, 장애물 등으로 구성된 플랫포머 게임이다.

콘솔 출력console output: 출력 창으로도 부른다. print 함수로 여기에 값을 출력하고, 에러가 발생해도 여기 메시지가 출력된다.

클라이언트client: 플레이어가 서버에 연결하도록 해주는 프로그램이다.

키key: 테이블을 참조할 때 사용되는 숫자

탐색기 창 Explorer Window: 게임 내 대부분의 개체와 경로를 보여주는 창

테이블table: 짝pairs으로 나타나는 자료형. 짝의 첫 번째 항목을 'index' 또는 'key'라고 부르고, 두 번째 항목은 'value'라며 값이 들어온다.

통합union: 파트 여러 개를 하나의 파트로 합치는 것

퇴장kick: 플레이어를 강제로 서버 밖으로 내보내는 것

트리거trigger: 특정 상황에 반응하는 이벤트

함수function: 특정 동작을 수행하는 코드 묶음으로, 함수 이름을 통해 호출할 수 있다. 같은 코드를 여러 번 복사해서 쓰는 대신, 함수로 묶어놓고 코드가 필요할 때마다 함수를 호출해 코드를 실행하는 것이다.

해킹hack: 보안체제 내의 취약점을 찾는 과정이다.

로블록스 API 문서

로블록스 API 문서를 먼저 소개한다. API를 풀어쓰면 application programming interface라는 걸 이전에 언급했었다. 예를 들어 파트를 생성하고 싶을 땐, 로블록스에서 미리 프로그래밍된 함수를 API에서 호출할 수 있다는 뜻이다.

```
local MyPart = Instance.new("Part",workspace)
```

Instance가 무엇인지 정의할 필요 없다. Part가 어떻게 동작하는지 프로그래밍할 필요도 없다. 로블록스에서 프로그래밍을 이미 마쳤고, 그런 API 함수를 불러와 쓰는 것뿐이다. 다음은 API 정보가 정리된 링크다. https://create.roblox.com/docs/reference/engine

로블록스 내 모든 종류의 API가 왼쪽 사이드바에 목록으로 나타나있다. Classes를 클릭하면 모든 인스턴스 클래스가 알파벳 순으로 나열되어있다. 페이지 중앙에서 선택한 인스턴스에 관한 정보를 보여준다. 개요로 인스턴스에 관한 간단한 설명이 적혀 있고, 어떤 속성이 있는지, 어떤 메서드가 있는지, 어떤 이벤트가 있는지 등을 보여준다. 화면 오른쪽에 목차가 나타나있어 페이지를 더 편리하게 탐색할 수 있다.

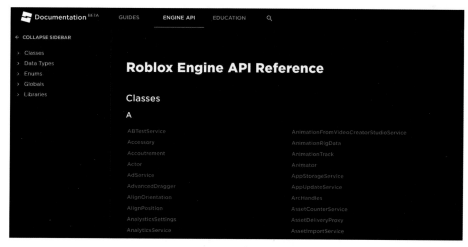

API 클래스 참조 페이지

한번 Tool 인스턴스에 관한 정보를 찾아보자. 페이지 위의 돋보기 아이콘을 클릭해 검색 창을 열고, Engine API 카테고리를 선택한 뒤, Tool이라고 검색한다. 검색 결과 가장 상단에 페이지가 나타난다.

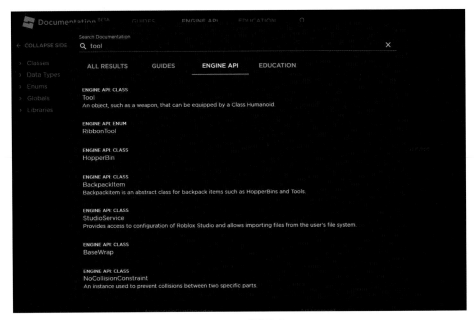

Tool API 검색하기

페이지로 들어가 잠시 동안 스크롤을 내려보자. Tool에 관한 속성, 이벤트, 메서드 그리고 코드 예문까지 방대한 정보가 모두 정리되어있다. 각 섹션은 다음 정보들로 구성되어 있다.

- 가장 먼저 Tool에 관한 설명이 있다. 이 섹션에는 API 개체가 무엇인지, 어떤 용도로 사용되는지를 설명하며, 이때 언급되는 다른 개체들의 하이퍼링크도 같이 포함되어 있다.

- Summary 섹션에는 자주 쓰이는 속성, 이벤트, 메서드가 간단한 설명과 함께 정리되어 있다.

- Properties에는 Tool 인스턴스의 각 속성의 이름과 설명, 그리고 속성들에 어떤 자료형을 쓰는지 알려준다.

- Events에 Tool의 이벤트 목록이 정리되어있다. 어떤 상황에 반응하는지, 전달되는 인자는 무엇이 있는지 알려준다.

- Method는 Tool의 메서드, 즉 함수 목록이다. 함수가 무엇을 하는지, 어떤 값을 반환하는지 등을 알려준다.

- 페이지 전체에 걸쳐 코드 예제가 있다. 각 항목마다 인스턴스와 관련된 대표적인 스크립트 예시, 속성을 수정하는 코드 예문, 함수 활용 예제, 이벤트 연결 등 항목과 관련된 코드 예문이 제공된다. 제공된 코드는 모두 복사해서 곧바로 스튜디오에서 사용할 수 있다.

페이지를 조금 내려 Activated 이벤트 항목으로 향한다. Events 섹션 아래에 위치해 있다. 이벤트의 일종이므로 유저가 Tool을 장비한 채 마우스 클릭을 하면 트리거된다.

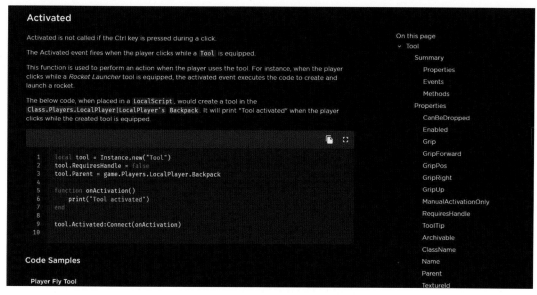

Activated 이벤트에 관한 설명이 보인다

Activated 이벤트에 관한 자세한 설명을 읽을 수 있고, 코드 예제도 제공되어 복사해서 스크립트에 붙여넣어 직접 테스트해볼 수 있다.

API 문서의 가장 큰 장점은 로블록스 스튜디오 없이도 열람이 가능하다는 점이다. 휴대전화, 태블릿, 노트북, XBOX One, 어디서든 문서 페이지를 열어볼 수 있다. 또 다른 최대 장점은 언제나 로블록스 API의 최신 버전 정보만을 담고 있다는 점이다.

개체 브라우저

4장 마지막에 개체 브라우저를 한번 언급했었는데, 각 개체나 서비스를 어떻게 생성하고 사용하는지 확인할 때 사용한다. 처음 무언가를 찾으려 할 땐 조금 복잡하게 다가올 수도 있다.

개체 브라우저는 상단메뉴 보기 탭에서 개체 브라우저 버튼을 클릭해 열 수 있다. API 아이템 목록은 왼쪽에 나타나며, 목록에서 하나를 선택하면 관련 속성, 함수, 이벤트 등이 오른쪽에 나타난다. 항목을 선택하면 아래에 세부 설명이 나타난다.

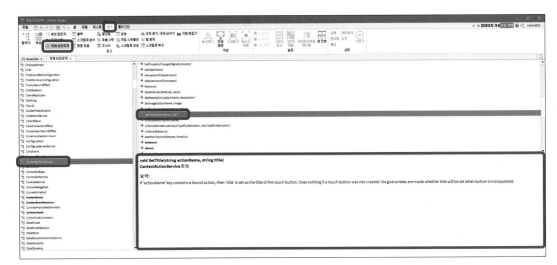

개체 브라우저 사용법

개체 브라우저는 스튜디오에서 무언가를 찾는 가장 빠른 방법이다. 특정 API를 사용할 때 필요한 것만 간결하고 정확하게 알려준다. 스튜디오가 업데이트될 때마다 같이 업데이트되므로 마찬가지로 최신 버전을 보여준다.

로블록스 개발자 문서

로블록스 개발자들이 필요한 정보와 강좌를 모아둔 사이트로, 링크는 다음과 같다.

https://create.roblox.com/docs

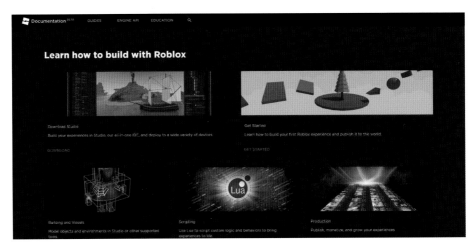

로블록스 개발자 문서 페이지

사이트를 꼭 한번 둘러볼 것을 추천한다. 입문 과정부터 세세하게 알려주는 다양한 종류의 강좌가 마련되어 있다. 페이지 메인에서 확인할 수 있는 강좌 외에도, 상단 바의 GUIDES를 클릭하면 더 많은 강좌를 확인할 수 있다.

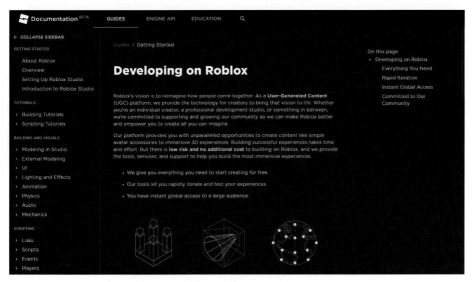

게임 제작에 필요한 정보가 풍부하게 제공된다

왼쪽 사이드바에 카테고리별로 분류된 다양한 종류의 강좌 목록이 있고, 각 강좌를 확장해보면 기초부터 심화 과정까지가 순서대로 나열된다.

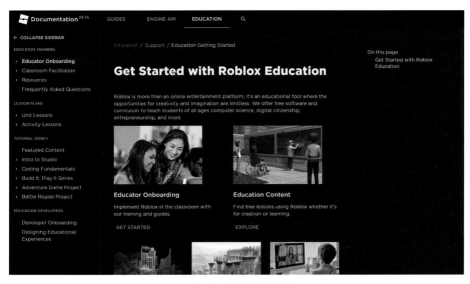

교육 자료로서의 로블록스

EDUCATION 탭으로 이동하면 로블록스를 교육 자료로 활용하려는 선생님들을 위한 문서가 마련되어있다. 학생들을 어떻게 가르칠지, 수업은 어떻게 진행하는지, 커리큘럼 구성은 어떻게 하는지 등을 자세히 알려준다.

눈치 챘겠지만 조금 전 소개했던 로블록스 API 문서도 같은 사이트를 공유한다. 다시 들르는 겸 한번 'Body'라고 검색해보자. 2.2.4에서 다뤘던 Body Mover 관련 문서들을 찾아볼 수 있다.

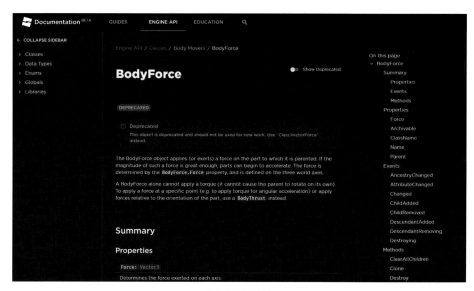

API 정보 문서

개발자 포럼

전세계 로블록스 개발자들이 모여 질문을 주고받거나 소통하는 포럼으로, 링크는 다음과 같다.

https://devforum.roblox.com/

포럼에는 수많은 질문들이 올라와 있는데, 스튜디오에서 문제가 생겨 질문을 하러 포럼을 방문했을 땐, 이미 같은 문제에 관한 질문이 올라와 있지 않은지 먼저 검색해보자. 대개 질문이 올라와 있고, 답변도 달린 경우가 많다. 포럼에 로그인하면 특정 스레드에 글이 추가되었을 때 알림을 받거나 할 수 있다. 게시글을 처음 작성하려면 로그인한 상태로 일정 시간 이상 포럼 내의 글을 읽어야 한다.

최근에는 한국 개발자들을 위한 한국어 카테고리도 개설되었다.

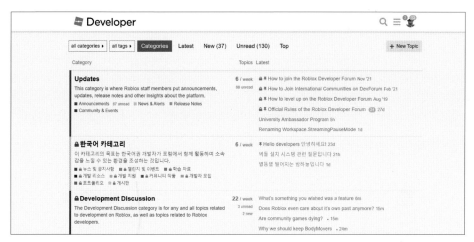

개발자 포럼

소통이나 질문 외에, 로블록스 스튜디오 관련 업데이트 소식도 이곳에 공지된다.

유튜브

때론 다른 사람의 제작 과정을 지켜보며 따라하는 것도 도움이 된다. 유튜브에는 수많은 크리에이터의 동영상 강좌가 업로드되어있다. 필자도 유튜브에 스크립트, 프로그래밍 강좌와, 로블록스, 루아, 스튜디오로 다양한 것들을 제작하는 강좌 등을 업로드해왔으며, www.youtube.com/c/HeathHaskins 링크에서 채널을 확인할 수 있다.

주로 럼버타이쿤2를 플레이하는데, 다른 다양한 강좌 동영상도 시청 가능하다.

저자의 로블록스 채널

필자가 추천하는 또 다른 채널은 AlvinBLOX다. 로블록스 스크립트 강좌도 준수하고 필자가 로블록스를 시작할 때부터 계속 활동 중이다. AlvinBLOX의 수많은 콘텐츠와 강좌에 다시 한 번 경의를 표한다.

다음은 옮긴이의 유튜브 채널(https://www.youtube.com/@nofair)이다. 다양한 로블록스 스튜디오 강좌를 한국어로 제공한다.

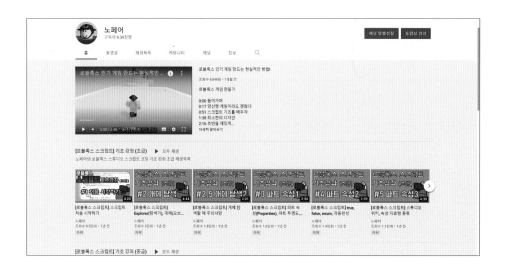

이 밖에도 훌륭한 콘텐츠를 만들어내는 로블록스 유튜버들이 많다. 이곳에 모두 소개하지는 못하지만, 대신 유튜브에서 필요한 동영상을 검색해 찾아내는 방법을 알려주려 한다. 단순 튜토리얼 강좌를 찾는다면 로블록스 스튜디오, 기초, 강좌, 등의 키워드를, 영어권 동영상을 찾는 경우 Tutorial, Lua, Roblox, Studio, How-To, WalkThrough 등의 키워드를 사용한다. 해당 키워드를 같이 검색해서 관련성이 있는 검색 결과만을 추리는 것이다. 예를 들어 게임에 총을 추가하고 싶어 '총 만드는 방법'을 바로 검색하면 전혀 관련 없는 내용만이 목록에 나타난다. 로블록스의 인기에 힘입어 강좌 몇 개 정도는 검색 결과에 같이 포함될 수도 있으나, 가장 편리한 방법은 주요 키워드를 몇 개 뽑아 사용하는 것이다.

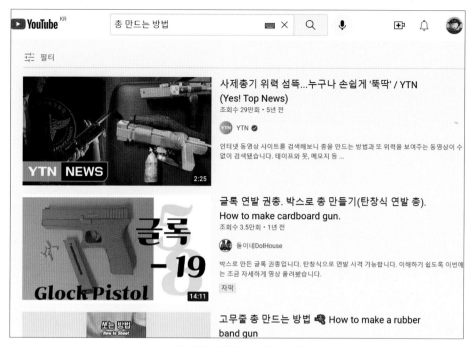

의미있는 검색 결과가 아니다

대신 적절한 키워드를 조합해 검색하면 필요한 검색 결과만을 추려낼 수 있다. '로블록스 스튜디오 칼 만들기'라고 검색하면 검색 결과가 한결 정확해진다.

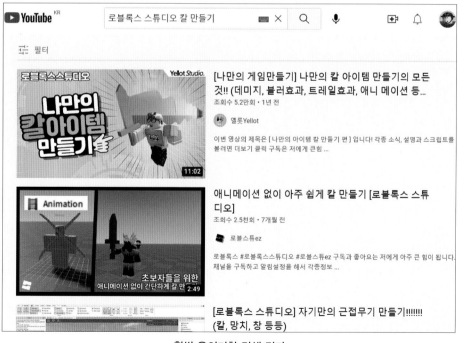

훨씬 유의미한 검색 결과

검색 결과가 나타났다면, 항상 맨 위에 나타나는 동영상만이 정답은 아니라는 점은 기억해두자. 때론 첫 번째 페이지 전체에서조차 찾을 수 없을 수도 있다.[1]

다음은 강좌를 찾을 때 참고할 몇 가지 요소다.

- 크리에이터가 마이크를 사용했는가?[2] 만약 그러지 않았다면 내용을 알아듣기 힘들 수도 있다. 알아듣기 힘든 내용은 동영상 중단하고 닫아버리게 만드는 1위 원인이다.
- 크리에이터가 동영상에 메모장이나 채팅창에 글자를 써서 설명하는가? 동영상은 시청하는 거지, 독서가 아니다. 음성이나 편집된 자막 대신 메모장에 일일이 타이핑하면서 설명하려는 영상은 바로 닫아버리자.
- 크리에이터가 지식을 충분히 갖추고 있는가? 단순히 코드를 복사 붙여넣기만 하거나, 설명 없이 정해진 코드를 입력하기만 하지는 않는지 확인하자.
- 동영상의 전체적인 퀄리티는 어떤가? 코드를 소개하고, 어떻게 작동하고, 제작 과정을 보여주는 과정이 수월하다면 필자는 480p 화질 동영상도 괜찮다. 하지만 사람에 따라 편집 효과가 더 화려하거나 화질이 고화질인 동영상만을 선호할 수도 있다.

계속 배우기

긴 대장정을 따라오느라 고생 많았다. 루아 프로그래밍 실력은 머릿속 지식에서 오는 게 아니고, 필요한 정보를 어디서 어떻게 찾는지 아는 것이 가장 중요하다. 끊임없이 배우고, 계속 연습하고, 점점 실력을 쌓아가라.

---

1 **옮긴이** 영어권은 동영상 수가 굉장히 많아 해당 문장이 어느 정도 들어맞으나, 한국어권 동영상은 대체로 상위권 영상만이 도움이 된다. 한국어 동영상 중에 원하는 것을 찾지 못했다면 그땐 영어로 다시 검색해보는 것도 좋다.
2 **옮긴이** 한국어 동영상의 경우 마이크 없이 동영상 편집으로 삽입한 자막으로 진행되는 강좌도 많으니 꼭 마이크가 필수 요건인 건 아니다.

찾아보기

진솔한 서평을 올려주세요!

이 책 또는 이미 읽은 제이펍의 책이 있다면, 장단점을 잘 보여 주는 솔직한 서평을 올려주세요.
매월 최대 5건의 우수 서평을 선별하여 원하는 제이펍 도서를 1권씩 드립니다!

- **서평 이벤트 참여 방법**
  ❶ 제이펍 책을 읽고 자신의 블로그나 SNS, 각 인터넷 서점 리뷰란에 서평을 올린다.
  ❷ 서평이 작성된 URL과 함께 review@jpub.kr로 메일을 보내 응모한다.
- **서평 당선자 발표**
  매월 첫째 주 제이펍 홈페이지(www.jpub.kr) 및 페이스북(www.facebook.com/jeipub)에 공지하고,
  해당 당선자에게는 메일로 개별 연락을 드립니다.

독자 여러분의 응원과 채찍질을 받아 더 나은 책을 만들 수 있도록 도와주시기 바랍니다.